Dr. Melanie Heine

Standardfälle
Familien- & Erbrecht

10. Auflage 2021

ISBN 978-3-86724-005-5

10. Auflage 2021

© 2021 niederle media

Bezug möglich direkt vom Verlag
niederle media
48341 Altenberge
Fax (02505) 93 98 99
E-Mail: info@niederle-media.de
www.niederle-media.de

▶ Inhalt

▶ Standardfälle Familienrecht

▶ Standardfälle Erbrecht

▶ Vorwort

Diese Fallsammlung ist für alle geeignet, die sich in das Familien- und Erbrecht einarbeiten wollen. Nicht nur Jurastudenten, sondern auch Sozialwissenschaftler und alle, die mit Rechtsfragen des Familien- und Erbrechts beschäftigt sind, sollten das Kindschafts- und Eherecht, die gesetzliche Erbfolge, die Wirkungen der Verfügungen von Todes wegen sowie das Pflichtteilsrecht kennen.

Anhand von typischen Fallkonstellationen, die sich häufig in der Klausur wieder finden, wird in die Rechtsprobleme des Familien- und Erbrechts eingeführt. In den Fußnoten finden sich zudem Literaturhinweise, die eine Vertiefung der angesprochenen Probleme ermöglichen.

Der Name **niederle media** steht für Skripten, die zu einem großen Teil von Autoren mit mehrjähriger Lehr-Erfahrung als Hochschullehrer oder AG-Leiter verfasst wurden und die

- klausurrelevante Themen *kompakt* darstellen,

- meist in 1-2 Tagen und demnach *zeitsparend* durchgearbeitet werden können,

- so *verständlich* sind, dass auch Anfänger damit regelmäßig auf Anhieb klarkommen,

- *Fallbeispiele, Übersichten* und *Schemata* enthalten,

- sehr *erschwinglich* sind (ab 7 €).

Aufgrund dieser Eigenschaften sind unsere Skripten hervorragend geeignet für den ersten, unkomplizierten Einstieg in die Materie oder für eine schnelle Wiederholung kurz vor der Prüfung. Dafür drücken wir Ihnen schon jetzt ganz fest die Daumen,

Dr. Melanie Heine & Jan Niederle

Fall 1: Turbulente Hochzeit

▸ **Standort:** Familienrecht, Eheschließung

Rechtsanwalt Matthias Mecker (M) und die Jurastudentin Frauke Schön (F) wollen heiraten.

Als sie am Morgen des 02.01.2021 zu zweit beim Standesamt erscheinen, ist der Standesbeamte erkrankt. Auch ein Vertreter ist trotz intensiver Bemühungen nicht zu erreichen. Daher erklärt sich Johannes Frohgemut (J), der bei der Stadtverwaltung im Jugendamt beschäftigt ist, bereit, die Trauung vorzunehmen. Nach Vornahme der Trauung trägt J die Ehe in das Heiratsbuch ein.

Liegt eine wirksame Ehe zwischen M und F vor?

Voraussetzungen der Eheschließung
1. Ehefähigkeit §§ 1303, 1304
2. Eheverbote §§ 1306-1308
3. Eheschließung
  a) § 1310
    -Scheinstandesbeamter gem. § 1310 II
  b) § 1311
  c) § 1312
    -Trauzeugen nur „Kann-Vorschrift"

Voraussetzungen der Eheschließung

1. M und F sind beide gem. § 1303 volljährig und damit **ehemündig**[1]. Auch eine Geschäftsunfähigkeit gem. § 1304 liegt nicht vor. Damit sind beide **ehefähig**.

2. Ein **Eheverbot** der §§ 1306-1308 greift nicht ein.

3. Die Eheschließung ist in den §§ 1310- 1312 geregelt.

a) Gem. § 1310 I wird die Ehe nur dadurch geschlossen, dass die Eheschließenden vor dem Standesbeamten erklären, die Ehe miteinander eingehen zu wollen. J war kein Standesbeamter, so dass die Voraussetzungen des § 1310 I nicht gegeben sind.

Nach der **Fiktion** des § 1310 II gilt allerdings auch als Standesbeamter, wer, ohne Standesbeamter zu sein, das Amt eines Standesbeamten **öffentlich ausgeübt** und die Ehe in das Heiratsbuch **eingetragen** hat. Dies ist hier der Fall, da J öffentlich das Amt eines Standesbeamten ausgeübt und eine Eintragung vorgenommen hat. Auch wenn M und F gewusst haben sollten, dass J eigentlich im Jugendamt beschäftigt ist, so hindert dies nicht das Vorliegen der Fiktion des § 1310 II. Auf die Gutgläubigkeit der Eheleute kommt es nämlich nicht an[2].

b) M und F haben ihre Erklärung gem. § 1311 persönlich und bei gleichzeitiger Anwesenheit abgegeben.

c) Dass M und F nur zu zweit erschienen sind, hindert das Vorliegen einer wirksamen Ehe nicht, da die Gegenwart von **Trauzeugen** gem. § 1312 S. 2 nunmehr nur noch eine „Kann-Vorschrift" ist.

Somit liegt eine wirksame Ehe zwischen M und F vor.

---

[1] Eine Ehe darf nicht vor Eintritt der Volljährigkeit eingegangen werden.
[2] Palandt, 75. Aufl., § 1310 Rn.3.

Fall 2: Hauskauf mit Hindernissen

▶ **Standort:** Familienrecht, Verfügungen über das Vermögen im Ganzen

Matthias (M) und Frauke (F) Lindner sind im Güterstand der Zugewinngemeinschaft verheiratet.

Als M eine Forschungsstelle in den USA angeboten wird, sagt er begeistert zu. Ohne dies vorher mit F zu besprechen, verkauft er das ihm gehörende Haus (Verkehrswert 450.000 €), in dem er zusammen mit F wohnt, zu dem stattlichen Preis von 500.000 € an seinen guten Freund Max Reich (R). Das sonstige Vermögen des M hat einen Wert von 40.000 €. Dem R war diese Tatsache beim Kauf des Hauses bekannt.

Als F von dem Verkauf des Hauses erfährt, ist sie entsetzt. F will auf jeden Fall in Deutschland bleiben.

Ist der Kaufvertrag mit R wirksam?

Zustimmungsbedürftige Verfügung gem. § 1365 I
1. Verpflichtung zu einer Verfügung
2. über das Vermögen im Ganzen
    a) auch bei einzelnen Gegenständen möglich
    b) Wertgrenze 10 % bei größeren Vermögen
    c) Kenntnis des Vertragspartners
3. Zustimmung der F
    a) keine Ersetzung durch das Familiengericht gem. § 1365 II
    b) keine nachträgliche Genehmigung gem. § 1366
4. Rechtsfolge: Unwirksamkeit des Kaufvertrags gem. § 1366 IV

Zustimmungsbedürftige Verfügung gem. § 1365 I

R und M haben sich über den Kaufvertrag über das Grundstück gem. § 433 geeinigt. Der Wirksamkeit der Willenserklärung des M könnte allerdings § 1365 I entgegenstehen.

Die Zustimmungsbedürftigkeit nach § 1365 hat folgende Voraussetzungen:

1. Gem. § 1365 I muss das Rechtsgeschäft eine Verpflichtung zu einer Verfügung oder eine Verfügung enthalten. Der Kaufvertrag stellt ein Verpflichtungsgeschäft dar.

2. Die Verfügung muss gem. § 1365 I das **Vermögen im Ganzen** betreffen. Gemeint ist damit die Verfügung über einzelne Rechte, die wirtschaftlich gesehen das gesamte Vermögen eines einzelnen Ehegatten ausmachen.

a) Problematisch ist, dass M vorliegend nur über einen einzelnen Gegenstand - das Hausgrundstück - ein Verpflichtungsgeschäft geschlossen hat. Nach h.M.[3] können jedoch auch Geschäfte hinsichtlich eines **einzelnen** Vermögensgegenstandes unter § 1365 fallen, wenn es sich bei diesem Gegenstand wirtschaftlich um das ganze oder nahezu das ganze Vermögen handelt (sog. **Einzeltheorie**).

b) Erforderlich ist damit ein Wertvergleich zwischen dem übertragenen Gegenstand und dem Restvermögen. Unberücksichtigt bleibt dabei die Gegenleistung, die dem Verfügenden evtl. sogar wirtschaftlich Vorteile bringen kann, da es gem. § 1365 nur auf die Verfügung ankommt[4]. Fraglich ist jedoch, ab welcher **Wertgrenze** es sich um „nahezu das ganze Vermögen" handelt. Nach der Rechtsprechung[5] ist dies bei **kleinerem Vermögen** nicht erfüllt, wenn dem Verfügenden **15 %** seines Gesamtvermögens verbleiben; bei **größeren Vermögen** wird diese Grenze auf **10 %** herabgestuft.

---

[3] BGHZ 35,135; Palandt § 1365, Rn.6; anders die Gesamttheorie, nach der das Rechtsgeschäft nach dem Willen der Parteien darauf gerichtet sein muss, über das Vermögen als Gesamtheit zu verfügen.
[4] BGHZ 35,135; Palandt § 1365, Rn.5.
[5] BGH NJW 1991,1739.

M würden nach einer Verfügung über das Hausgrundstück nur noch 40.000 €, also weniger als 10 % des Gesamtvermögens verbleiben. Der wirtschaftlich vorteilhafte Kaufpreis bleibt bei dem Wertvergleich außer Betracht. Damit stellt das Grundstück praktisch das Gesamtvermögen des M dar.

c) Nach der Rechtsprechung[6] greift § 1365 weiterhin nur dann ein, wenn der Vertragspartner **positiv weiß**, dass es sich beim Geschäftsgegenstand um das ganze oder nahezu das ganze Vermögen des Ehegatten handelt oder wenn er zumindest die Verhältnisse kennt, aus denen sich dieses ergibt. Dieses Erfordernis dient dem Schutz des Vertragspartners und der Sicherheit des Rechtsverkehrs. Umstritten ist jedoch, zu welchem Zeitpunkt diese Kenntnis vorliegen muss[7]. Ausreichend ist allerdings auf jeden Fall eine **Kenntnis zum Zeitpunkt der Verpflichtung.**

R hatte bereits zum Zeitpunkt des Kaufvertragsschlusses Kenntnis davon, dass das Grundstück nahezu das gesamte Vermögen des M ausmacht. Damit ist dieses Erfordernis erfüllt.

3. Nach § 1365 I hätte F nunmehr in die Verpflichtung des M einwilligen müssen.

a) Die fehlende Zustimmung kann gem. § 1365 II durch das Familiengericht ersetzt werden, wenn der Ehegatte die Zustimmung ohne ausreichenden Grund verweigert hat. M hat jedoch keinen Antrag hierzu gestellt.

b) Auch eine nachträgliche Genehmigung seitens der F gem. § 1366 liegt nicht vor. Vielmehr ist F, als sie von dem Kaufvertrag erfährt, entsetzt. Darin ist eine Verweigerung der Genehmigung zu sehen.

4. Rechtsfolge: Damit ist der Kaufvertrag gem. **§ 1365 i.V.m. § 1366 IV** unwirksam[8].

---

[6] BGHZ 43,174; die Rechtsprechung wurde am inzwischen entfallenen § 419 entwickelt. Anders die objektive Theorie, nach der es auf die Kenntnis des Erwerbers nicht ankommt, da der Schutz der Familie Vorrang vor der Sicherheit des Rechtsverkehrs habe.

[7] V.a. ist streitig, ob eine Kenntniserlangung bis zum Zeitpunkt der Vollendung des Rechtserwerbs noch ausreichend ist.

[8] Allerdings hat R gem. § 1366 III noch die Möglichkeit, den Ehegatten aufzufordern, sich die entsprechende Genehmigung zu beschaffen mit der Folge, dass der Vertrag wieder schweben unwirksam wird.

12

Fall 3: Teurer Schuhkauf

▸ **Standort:** Familienrecht, „Schlüsselgewalt"

Rechtsanwalt Matthias Mecker (M) und die Jurastudentin Frauke Schön (F) sind im Güterstand der Zugewinngemeinschaft verheiratet.

Auf dem Nachhauseweg von der Vorlesung entdeckt F ein Paar rote Schuhe für 200 € im Schaufenster eines Schuhgeschäfts. Da sie nur 100 € bei sich hat, vereinbart sie mit dem Verkäufer V die Zahlung der restlichen 100 € in zwei Wochen.

Als F nach zwei Wochen nicht zahlt, verlangt V die Zahlung von 100 € von M. M weist V darauf hin, dass er aufgrund seiner kriselnden Ehe mit F vor zwei Monaten in der Zeitung eine Anzeige mit folgendem Inhalt aufgegeben habe:

„Für Kredite, die meiner Frau F gewährt werden, komme ich auf keinen Fall auf".

Kann V die Zahlung von 100 € von M verlangen, wenn er die Zeitungsanzeige nicht gelesen hat?

Anspruch des V gegen M aus § 1357
1. Wirksame Ehe
2. zur angemessenen Deckung des Lebensbedarfs der Familie
    a) Geschäft zur Deckung des Lebensbedarfs der Familie
    b) Angemessenheit des Geschäfts
3. "nicht aus den Umständen ein anderes ergibt" gem. § 1357 I
4. Kein Ausschluss gem. § 1357 II
    Ausschluss wirkt gem. § 1412 nur, wenn er dem Dritten positiv bekannt oder im Güterrechtsregister eingetragen war.
5. Kein Getrenntleben gem. § 1357 III
6. Rechtsfolge: Mitverpflichtung des anderen Ehegatten als Gesamtschuldner

V könnte gegen M einen Anspruch auf Zahlung von 100 € gem. § 1357 I 2 haben.

1. Eine wirksame **Ehe** zwischen M und F zum Zeitpunkt des Vertragsschlusses ist gegeben.

2. Gem. § 1357 I 1 müsste ferner „ein Geschäft zur angemessenen Deckung des Lebensbedarfs der Familie" vorliegen.

a) Damit müsste das Geschäft zunächst seiner Art nach der **Deckung des Lebensbedarfs der Familie** dienen. Dieser Begriff nimmt auf das Unterhaltsrecht Bezug (§ 1610 II) und umfasst damit alle Geschäfte, die einen engen Bezug zur familiären Konsumgemeinschaft aufweisen, auch wenn sie nur den persönlichen Lebensbedürfnissen einzelner Familienmitglieder dienen. Somit ist beispielsweise *der Kauf von Lebensmitteln, Kleidung, Heizmittel, Kosmetika, Einrichtungsgegenständen und Haushaltsgeräten* umfasst.

Nicht unter § 1357 fallen hingegen Maßnahmen der **Vermögensanlage und -verwaltung** sowie Geschäfte aus der **beruflichen Sphäre** eines der Ehegatten. Der Schuhkauf der F stellt somit ein Geschäft zur Deckung des Lebensbedarfs der Familie dar.

b) Weiterhin müsste die Bedarfsdeckung **angemessen** sein. Der Abschluss eines Geschäfts wird als angemessen angesehen, wenn angesichts des Umfangs und der mangelnden Dringlichkeit eine vorherige Verständigung der Ehegatten nicht notwendig erscheint und in der Regel auch nicht stattfindet[9]. Weiterhin richtet sich die Angemessenheit nach dem tatsächlichen Lebenszuschnitt der Familie, der nach „außen in Erscheinung tritt"[10].

Es ist nicht davon auszugehen, dass M und F sich üblicherweise über einen Schuhkauf i.H.v. 200 € vorher abzusprechen pflegen. Er stellt auch kein Geschäft größeren Umfangs dar. Damit liegt ein angemessenes Geschäft vor[11].

---

[9] Küln FamRZ 1991,434; vgl. Palandt § 1357, Rn.12.
[10] BGHZ 94,1 (6 f.).
[11] Strittig ist, ob auch Verbraucherkreditgeschäfte unter § 1357 fallen (die h.M. bejaht dies). Allerdings liegt hier kein entgeltlicher Zahlungsaufschub gem. § 499 I vor, da F und V keine Zinszahlung vereinbart haben.

3. § 1357 I greift nicht ein, wenn sich „**aus den Umständen etwas anderes ergibt**" gem. § 1357 I 2. Hauptsächlich liegt dies dann vor, wenn die Parteien des Geschäfts vorher übereingekommen sind, dass der Ehegatte nur für sich persönlich handeln will[12].

F hat im vorliegenden Fall nicht ausdrücklich erklärt, dass sie nur für sich persönlich handeln will. Damit ist kein Ausschluss gem. § 1357 I 2 gegeben.

4. Weiterhin dürfte der eine Ehegatte gem. **§ 1357 II** die Berechtigung des anderen Ehegatten, mit Wirkung für ihn Geschäfte zu besorgen, **nicht wirksam beschränkt oder ausgeschlossen** haben. Allerdings wirkt ein Ausschluss gem. § 1357 II 2 nur nach Maßgabe des § 1412, d.h. ein Ausschluss müsste dem Dritten **positiv bekannt** gewesen sein oder im **Güterrechtsregister** eingetragen worden sein.

Eine Aussprache der Beschränkung durch ein Zeitungsinserat ist bei Vorliegen von ernsthaften Gründen möglich[13]. V hatte die Zeitungsanzeige des M jedoch nicht gelesen, so dass sie ihm nicht positiv bekannt war. Einen Eintrag im Güterrechtsregister hatte M nicht vornehmen lassen. Damit liegt kein wirksamer Ausschluss gem. § 1357 II vor.

5. M und F leben auch **nicht** gem. **§ 1357 III getrennt.**

6. Die Rechtsfolge des § 1357 besteht darin, dass gem. § 1357 I 2 auch der andere Ehegatte als Gesamtschuldner verpflichtet wird (**schuldrechtliche Wirkung**[14]). Der Gläubiger erhält also einen weiteren Schuldner. § 1357 stellt **keinen Fall der Stellvertretung** dar, d.h. bei F musste kein Wille zum Handeln mit Wirkung für M vorhanden gewesen sein. Auch musste V die Ehe vorher nicht erkennbar gewesen sein.

Ergebnis: V hat einen Anspruch auf Zahlung von 100 € gegen M aus § 1357 I 2.

---

[12] Der BGH lässt u.U. auch objektive Umstände genügen; v.a. bei kostspieligen medizinischen Behandlungen, die die wirtschaftliche Leistungsfähigkeit der Familie überschreiten; vgl. BGHZ 116,184.

[13] RGZ 60,12; Palandt § 1357, Rn. 24.

[14] Strittig ist, ob § 1357 auch dingliche Wirkung entfaltet. Der BGH verneint dies (vgl. FamRZ 1991,923). Jedoch kann der Ehegatte u.a. nach den Grundsätzen des „Geschäfts für den, den es angeht" Eigentum erwerben (vgl. dazu Fall 10).

Fall 4: Die wankelmütige Ehefrau

▶ **Standort:** Familienrecht, Verfügungen über Haushaltsgegenstände

Die Eheleute Martin (M) und Frauke (F) Gerber leben im
Güterstand der Zugewinngemeinschaft.

Nach einiger Zeit möchte M, der seinen Fernseher mit in die
Ehe gebracht hat, diesen durch einen modernen Flachbildschirmfernseher im Wert von ca. 2.000 € ersetzen. Daher
verkauft er seinen alten Fernseher am 1.9.20 für 150 € an
Konrad Karstens (K).

Als F am selben Abend von dem Verkauf erfährt, ist sie
zunächst spontan einverstanden. Kurze Zeit darauf überlegt
sie es sich jedoch anders und ist der Auffassung, dass ein
moderner Flachbildschirmfernseher zu teuer sei.

M ruft daher am 2.9.20 bei K an und verlangt die Rückgabe
des Fernsehers. K meint jedoch, M solle sich zuerst Klarheit
bei F verschaffen und mit dieser besprechen, ob sie nicht
doch mit dem Verkauf einverstanden sei.

Am 1.10.20 verlangt F Herausgabe des Fernsehers von K.
Zu Recht?

I. Anspruch der F gegen K gem. § 985 i.V.m. § 1369
1. Geltendmachung seitens der F gem. § 1369 III i.V.m. § 1368 (+)
2. Eigentum des M
  a) ursprünglich (+)
  b) Verlust gem. § 929 S. 1 durch Einigung und Übergabe?
    -Unwirksamkeit der Einigung gem. §§ 1369, 1366?
     (1) Zugewinngemeinschaft zwischen M und F (+)
     (2) Haushaltsgegenstand im Eigentum des M (+)
     (3) Vertrag bis zur Genehmigung schwebend unwirksam § 1366 I
     (4) mit Genehmigung Wirksamkeit des Vertrags § 1366 I
      -Genehmigung nicht widerruflich

> (5) mit Aufforderung zur Genehmigung erneuter Schwebezustand
>   gem. § 1366 III
> (6) mit Ablauf der Zwei-Wochen-Frist endgültige Unwirksamkeit
>   § 1366 III 2
>   Rechtsfolge: M noch Eigentümer
> 3. Besitz des K (+)
> 4. Kein Recht zum Besitz gem. § 986 (+)
> 5. Kein Zurückbehaltungsrecht des K wegen dem Kaufpreis § 273
> 6. Herausgabe an F selbst str.
> 7. Ergebnis: Anspruch der F gegen K gem. § 985 i.V.m. § 1369 (+)
>
> **II. Anspruch der F gegen K gem. § 812**
> Keine Geltendmachung gem. § 1368 III möglich
>
> **III. Anspruch der F gegen K gem. § 861**
> 1. Mitbesitz der F (+)
> 2. aber: keine Geltendlassung der verbotenen Eigenmacht gegen K gem.
>   § 858 II 2
> 3. Ergebnis: Kein Anspruch gem. § 861

I. F könnte gegen K einen Anspruch aus § 985 i.V.m. § 1369 auf Herausgabe des Fernsehers haben.

1. Problematisch ist zunächst, dass die F einen Anspruch geltend macht, der auf dem Eigentum des M gründet. Gem. **§ 1369 III** **i.V.m. § 1368** kann jedoch F als Ehegattin auch solche Ansprüche gegen K geltend machen, die sich aus der Unwirksamkeit der Verfügung ergeben. Damit kann sich F auf einen Anspruch aus § 985 im eigenen Namen (sog. **Prozeßstandschaft**) beziehen[15].

2. M müsste demnach gem. § 985 noch **Eigentümer** des Fernsehers sein.

a) Ursprünglich war M Eigentümer.

b) Er könnte jedoch sein Eigentum durch Einigung und Übergabe gem. § 929 S. 1 an K verloren haben. Eine Übergabe des Fernsehers an K liegt vor. Fraglich ist jedoch, ob auch eine wirksame Einigung über den Eigentumsübergang erfolgt ist.

---

[15] So zumindest die h.M.; vgl. MüKo § 1368, Rn.2 mit weiteren Nachweisen.

Vorliegend könnte die Einigung als Verfügung über einen Haushaltsgegenstand gem. **§ 1369 i.V.m. § 1366** unwirksam sein.

(1) Voraussetzung für die Anwendbarkeit des § 1369 ist eine
Zugewinngemeinschaft der Ehegatten. Diese ist laut Sachverhalt gegeben.

(2) Weiterhin stellt der Fernseher unzweifelhaft einen **Haushaltsgegenstand** i.S.d. § 1369 I dar. Dieser stand im Alleineigentum
des M.

(3) Rechtsfolge des § 1369 ist zunächst, dass der Ehegatte über
ihm gehörende Gegenstände nur verfügen kann, wenn der andere
Ehegatte gem. § 1369 I **einwilligt**. Eine **vorherige** Einwilligung
seitens der F lag nicht vor. Der ohne Einwilligung geschlossene
Vertrag ist bis zur Genehmigung **schwebend unwirksam**.

(4) Indem F sich jedoch am 1.9.20 *gegenüber M* spontan mit dem
Verkauf einverstanden erklärt hat, hat sie den Vertrag **genehmigt**.
Damit ist der Vertrag gem. **§ 1369 III i.V.m. § 1366 I wirksam**
geworden. Dass F es sich kurz darauf anders überlegt hat, ist
unerheblich, da die Genehmigung **nicht widerruflich** ist.

(5) Indem K jedoch M am 2.9.20 **aufgefordert** hat, sich das
Einverständnis von F zu besorgen, wurde die von F gegenüber M
bereits erklärte **Genehmigung gem. § 1366 III 1 unwirksam**[16].
Der Vertrag wurde damit in seine alte **Schwebelage** zurückver-
setzt. Gem. § 1366 III konnte sich F nunmehr nur noch gegenüber
K über die Genehmigung erklären.

(6) Mit Ablauf der **Zwei-Wochen-Frist** des **§ 1366 III 2** gilt die
Genehmigung als verweigert. Der Vertrag ist damit **endgültig unwirksam**. Ein gutgläubiger Erwerb des K ist bei § 1369 (ebenso
wie bei § 1365) ausgeschlossen, da diese Vorschriften **absolute
Veräußerungsverbote** darstellen[17].

---

[16] Die Regelung des § 1366 III entspricht der des § 108 II. Zu beachten ist
jedoch, dass im vorliegenden Fall nur eine Aufforderung gegenüber M,
aber nicht gegenüber F den Vertrag in den Schwebezustand zurück-
versetzt, vgl. § 1366 III 1.
[17] BGHZ 40,218.

Infolgedessen würde K auch eine Gutgläubigkeit bei Abschluß des Vertrages hinsichtlich des Familienstandes des M nichts nutzen. Damit ist M noch Eigentümer des Fernsehers.

3. K ist ferner Besitzer des Fernsehers.

4. Er hat auch gem. § 986 kein Recht zum Besitz, da nicht nur die Eigentumsübertragung, sondern auch der Kaufvertrag gem. § 1369 i.V.m. § 1366 unwirksam ist.

5. Fraglich ist, ob K ein Zurückbehaltungsrecht gem. § 273 hinsichtlich des Kaufpreises zusteht. Nach h.M.[18] kann K allerdings **kein Zurückbehaltungsrecht** geltend machen, da er den Kaufpreis nur von M, nicht jedoch von F zurückverlangen kann.

6. Strittig ist schließlich, ob F Herausgabe nur an M oder auch an sich verlangen kann. Letzteres ist aber hauptsächlich dann problematisch, wenn M zur Entgegennahme nicht mehr bereit ist. Dafür bestehen keine Anhaltspunkte. F sollte allerdings vorsichtshalber Herausgabe an M, hilfsweise Herausgabe an sich selbst verlangen, wenn M den Fernseher nicht entgegennehmen will oder kann.

7. Ergebnis: F kann gem. § 985 i.V.m. § 1369 die Herausgabe des Fernsehers von K verlangen.

II. Weiterhin könnte F gegen K einen Anspruch auf Herausgabe gem. § 812 I 1, 1. Alt. i.V.m. §§ 1368, 1369 haben.

Die Voraussetzungen des § 812 I sind an sich gegeben. Jedoch kann F gem. § 1368 nur die sich aus der **Verfügung** ergebenden Rechte gegenüber K geltend machen. Mit § 812 macht F jedoch die Unwirksamkeit des Kaufvertrags und damit des **Verpflichtungsgeschäfts** geltend. Damit scheidet ein Anspruch aus § 812 i.V.m. §§ 1368, 1369 aus[19].

---

[18] Palandt § 1368, Rn.3 f.; MüKo § 1368 Rn.19; auch gegenüber M könnte K aufgrund des Schutzzwecks der §§ 1368, 1369 nach h.M. kein Zurückbehaltungsrecht geltend machen.
[19] Vgl. MüKo § 1368, Rn.5.

III. Schließlich könnte F noch ein Anspruch gegen K auf Wiedereinräumung des Besitzes gem. § 861 zustehen.

1. § 861 ist auf ein *eigenes Recht* der F gestützt, da sie *Mitbesitzerin* des Fernsehers als gemeinschaftlichem Haushaltsgegenstand war.

2. K müsste gem. § 858 **fehlerhaften Besitz** an dem Fernseher erlangt haben. Indem M den Fernseher ohne Einwilligung der F verkauft hat und ihr damit den Mitbesitz entzogen hat, hat er gem. § 858 I **verbotene Eigenmacht** ausgeübt. Gem. § 858 II 2 müsste K dies jedoch nur gegen sich gelten lassen, wenn er die Fehlerhaftigkeit des Besitzes gekannt hätte. Dafür gibt es vorliegend keine Anhaltspunkte[20].

3. <u>Ergebnis</u>: Damit scheidet ein Anspruch der F gem. § 861 aus.

---

[20] K müsste beim Kauf des Fernsehers gewusst haben, dass F Mitbesitzerin des Fernsehers war und dass M ihr diesen Mitbesitz widerrechtlich entzogen hat. Bei einem Anspruch aus § 861 kommt es also auf die näheren Umstände beim Verkauf der Sache an.

Fall 5: Trau, schau, wem

▸ **Standort:** Familienrecht, Scheidung

Die Eheleute Martin (M) und Frauke (F) von Traufstein haben sich nach zehnjähriger Ehe völlig auseinandergelebt.

Da sie zum Glück über eine große Villa verfügen, zieht M Anfang 2018 in das Arbeitszimmer und schläft auch dort. F lebt mit ihren Kindern Julia und Bastian im Schlaf- und Wohnzimmer. Die Küche und das Badezimmer benutzen M und F weiterhin gemeinsam.

Anfang Oktober 2019 kommt es zu einer kurzfristigen Versöhnung der Ehegatten. M und F beziehen wieder ein gemeinschaftliches Schlafzimmer, um bereits Ende Oktober 2019 nach einem heftigen Streit festzustellen, dass sie nicht mehr in einem Raum zusammenleben können. M zieht daher zurück ins Arbeitszimmer.

Anfang 2021 beantragt M die Scheidung. F widerspricht, da sie aus Reputationsgründen nach wie vor an der Ehe hängt.

Kann die Ehe geschieden werden?

Die Scheidungsvoraussetzungen
1. Scheitern der Ehe § 1565 I
   a) Vermutung des §1566 I
   b) Vermutung des § 1566 II
     (1) Begriff des Getrenntlebens § 1567 I
     (2) keine Unterbrechung durch Zusammenleben über kürzere Zeit
      § 1567 II
2. kein Eingreifen der Härteklausel § 1568
3. Ergebnis: Scheidung (+)

Die Ehe kann geschieden werden, wenn die Scheidungsvoraussetzungen gem. §§ 1564 ff. gegeben sind.

1. Gem. **§§ 1564, 1565** kann eine Ehe auf Antrag eines Ehegatten durch gerichtliches Urteil geschieden werden, wenn sie **gescheitert** ist. Das Scheidungsrecht ist damit vom früheren Schuld- zum **Zerrüttungsprinzip** übergegangen. Wer die *Schuld* für das Scheitern der Ehe trägt, ist mithin unerheblich geworden. Nach der *Legaldefinition gem.* § 1565 I 2 ist eine Ehe dann gescheitert, wenn die Lebensgemeinschaft der Ehegatten nicht mehr besteht und nicht mehr erwartet werden kann, dass die Ehegatten sie wiederherstellen. Um eine solche Feststellung zu erleichtern, wird der Grundtatbestand des § 1565 I 2 durch zwei **Vermutungen** nach § 1566 ergänzt, die es ermöglichen sollen, aus äußerlichen, leichter feststellbaren Indizien das Scheitern der Ehe zu folgern.

a) Gem. **§ 1566 I** wird unwiderlegbar vermutet, dass die Ehe gescheitert ist, wenn die Ehegatten seit **einem Jahr** getrennt leben und **beide** Ehegatten die Scheidung beantragen oder der Antragsgegner der Scheidung zustimmt. Vorliegend hat nur M die Scheidung beantragt, so dass die Vermutung des § 1566 I schon deshalb ausscheidet.

b) Gem. **§ 1566 II** wird unwiderlegbar vermutet, dass die Ehe gescheitert ist, wenn die Ehegatten seit **drei Jahren** getrennt leben. Fraglich ist also, ob M und F drei Jahre getrennt gelebt haben.

(1) Der Begriff des **Getrenntlebens** ist in § 1567 I 1 geregelt. Hiernach leben die Ehegatten getrennt, wenn zwischen ihnen **keine häusliche Gemeinschaft** besteht und ein Ehegatte sie erkennbar nicht herstellen will, weil er die eheliche Lebensgemeinschaft ablehnt. Gem. § 1567 I 2 besteht die häusliche Gemeinschaft *auch* dann nicht mehr, wenn die Ehegatten *innerhalb der ehelichen Wohnung* getrennt leben.

Damit ist grundsätzlich auch ein Getrenntleben innerhalb einer Wohnung möglich. Voraussetzung ist allerdings, dass kein gemeinsamer Haushalt mehr geführt wird und keine wesentlichen persönlichen Beziehungen zwischen den Ehegatten mehr bestehen[21].

Wohnungsräume dürfen damit – mit Ausnahme von Küche und Bad - nicht gemeinschaftlich genutzt werden. M und F haben sich die Räume in der Villa aufgeteilt, so weit es möglich war. Die gemeinsame Benutzung von Küche und Bad ändert daher nichts an der Annahme von getrennten Haushalten. Sie führen auch ansonsten keinen gemeinsamen Haushalt mehr; insbesondere putzt oder wäscht der eine Ehegatten für den anderen nicht. Auch von fortbestehenden persönlichen Beziehungen zwischen M und F ist nichts bekannt. Somit leben M und F innerhalb der ehelichen Wohnung getrennt.

(2) Fraglich ist allerdings, ob der Zeitraum des Getrenntlebens durch die Phase des Zusammenlebens Anfang Oktober 2019 unterbrochen wurde und dann Ende Oktober 2019 neu zu laufen beginnt. Gem. **§ 1567 II** unterbricht allerdings ein *Zusammenleben über kürzere Zeit*, das der Versöhnung der Ehegatten dienen soll, nicht die Trennungsfristen des § 1566. Der Gesetzgeber wollte damit verhindern, dass die Eheleute Versöhnungsversuche vermeiden würden, wenn eine bereits fortgeschrittene Trennungszeit scheidungsrechtlich bedeutungslos würde. M und F haben nur knapp einen Monat zusammengelebt. Damit wurde ihre Trennungsphase gem. § 1567 II nicht unterbrochen[22].

M und F sind auch bereits seit drei Jahren getrennt lebend, so dass die Vermutung des § 1566 II eingreift. Somit ist die Ehe i.S.d. § 1565 I 1 gescheitert.

2. Trotz Scheiterns der Ehe soll diese gem. **§ 1568 I** ausnahmsweise dann nicht geschieden werden, wenn dies im *Kindesinteresse* aus besonderen Gründen geboten ist oder auf Grund außergewöhnlicher Umstände *eine besondere Härte für den anderen Ehegatten* darstellen würde. Eine persönliche besondere

---

[21] Die räumliche Trennung allein –z.B. bei Strafhaft, längerer beruflicher Abwesenheit- bedeutet damit noch kein Getrenntleben. Die Anforderungen an den getrennten Haushalt der Eheleute sind meist streng; so kann schon das Kochen oder Putzen des einen Ehegatten für den anderen zu der Annahme eines gemeinsamen Haushalts führen.
[22] Als Zusammenleben über kürzere Zeit wurde in der Jahresfrist eine Zeit von drei Monaten anerkannt; bei der Dreijahresfrist wird dies großzügiger gehandhabt; vgl. MüKo, 4.Aufl., § 1567 Rn.64 f. mit Nachw. zur Rspr.

Härte kann z.B. vorliegen, wenn ein schwer erkrankter Ehegatte nur noch kurze Zeit zu leben hat und durch die Scheidung noch zusätzlich belastet würde. Solche außergewöhnlichen Umstände sind vorliegend nicht bekannt, so dass die Härteklausel des § 1568 I nicht eingreift.

3. <u>Ergebnis:</u> Damit kann die Ehe auf Antrag des M geschieden werden.

Fall 6: Scheidung mit Folgen

▸ **Standort:** Familienrecht, Zugewinnausgleich

Der Rechtsanwalt Matthias Mecker (M) und die lebenslustige Jurastudentin Frauke Schön (F) sind seit dem 2.4.14 im gesetzlichen Güterstand der Zugewinngemeinschaft verheiratet.

Als F ihre Zeit jedoch immer mehr mit dem junggebliebenen Professor D als mit ihrem Ehemann M verbringt, reicht M die Scheidung ein. Der Scheidungsantrag geht am 13.6.20 beim Familiengericht ein und wird der F am 20.6.20 zugestellt. Am 20.12.20 wird die Ehe geschieden.

Aufgrund der Studiengebühren für ihr Jurastudium und ihrer konsumfreudigen Lebenseinstellung war F mit Schulden i.H.v. 10.000 € in die Ehe gestartet. Ihr Vermögen am 20.6.20 beträgt 30.000 €. In diesem Betrag ist eine Erbschaft i.H.v. 20.000 € enthalten, die F am 10.6.20 von Ihrem Erbonkel O zugefallen war. Bis zur Scheidung der Ehe am 20.12.20 hatte F die Erbschaft in der Absicht, dem M davon nichts zukommen zu lassen, zusammen mit D verprasst.

M verfügte über ein Anfangsvermögen von 40.000 €. Sein Vermögen am 20.6.20 beträgt 70.000 €. Darin enthalten ist ein Betrag von 12.000 €, den M am 19.6.20 im Lotto gewonnen hatte. Am 22.6.20 buchte M daraufhin eine Weltreise i.H.v. 10.000 €.

F verlangt Zugewinnausgleich von M. M ist dagegen der Auffassung, dass F aufgrund ihrer Erbschaft kein Zugewinnausgleich zustehe.

Anmerkung: Wertsteigerungen aufgrund des Kaufkraftschwundes sind nicht zu prüfen.

Konkrete Berechnung des Zugewinnausgleichs gem. § 1378 I
I. Ermittlung des Zugewinns der F gem. § 1373
   1. Anfangsvermögen
     - negatives Anfangsvermögen gem. § 1374 I, III möglich
     - Hinzurechnung der Erbschaft gem. § 1374 II
   2. Endvermögen
     - zum Zeitpunkt der Rechtshängigkeit gem. § 1384 i.V.m. §§ 261,
      253 ZPO
     -spätere Ausgaben damit unbedeutend
II. Ermittlung des Zugewinns des M gem. § 1373
   1. Anfangsvermögen
     - Lottogewinn wird nicht gem. § 1374 II hinzugerechnet (str.)
   2. Endvermögen
     -Berechnungszeitpunkt wie vor
III. Ermittlung der Zugewinnausgleichsforderung gem. § 1378 I
   F stehen 10.000 € als Zugewinnausgleich zu.

Konkrete Berechnung des Zugewinnausgleichs gem. § 1378 I

Da M und F im gesetzlichen Güterstand der Zugewinngemeinschaft gelebt haben und ihre Ehe nicht durch Tod, sondern durch Scheidung beendet wurde, ist der Zugewinn gem. § 1372 nach den Vorschriften der §§ 1373 bis 1390 auszugleichen.

Übersteigt der Zugewinn des einen Ehegatten den Zugewinn des anderen, so steht gem. § 1378 I die Hälfte des Überschusses dem anderen Ehegatten als Ausgleichsforderung zu. Somit ist zunächst der Zugewinn für jeden Ehegatten einzeln zu berechnen.

I. Ermittlung des Zugewinns der F gem. § 1373

Zugewinn ist gem. § 1373 der Betrag, um den das Endvermögen eines Ehegatten das Anfangsvermögen übersteigt.

1. Anfangsvermögen

Nach § 1374 I ist für die Ermittlung des Anfangsvermögens der Zeitpunkt des Eintritts in den Güterstand, hier also der Tag der Eheschließung am 2.4.14 entscheidend. Zu diesem Zeitpunkt hatte F Schulden i.H.v. 10.000 €.

Verbindlichkeiten können gem. § 1374 I, III bei der Ermittlung des Anfangsvermögens über die Höhe des Aktivvermögens abgezogen werden, so dass auch ein **negatives Anfangsvermögen** möglich ist[23]. Der wirtschaftliche Erfolg durch Tilgung von Schulden im Anfangsvermögen soll nicht allein dem schuldenden Ehegatten zugutekommen. Der Gefahr, dass die hierdurch bewirkte Erhöhung des Zugewinns und damit gegebenenfalls auch der Ausgleichsschuld zu einer Überschuldung des Ehegatten führt, wird durch die Begrenzung der Ausgleichsforderung auf die Höhe des vorhandenen Vermögens (§ 1378 II) Rechnung getragen[24].

Gem. § 1374 II ist allerdings Vermögen, das ein Ehegatte nach Eintritt des Güterstands von Todes wegen oder mit Rücksicht auf ein künftiges Erbrecht, durch Schenkung oder als Ausstattung erworben hat, auch dem Anfangsvermögen hinzuzurechnen. Sinn dieser **privilegierten Erwerbe** ist, dass dieses Vermögen für den anderen Ehegatten keine Zugewinnausgleichsansprüche auslösen soll. Somit ist die Erbschaft der F i.H.v. 20.000 € dem Anfangsvermögen hinzuzurechnen.

Dieser Betrag ist mit den Schulden zu Beginn der Ehezeit zu verrechnen[25]. Somit verfügt F über ein Anfangsvermögen von 10.000 €.

2. Endvermögen

Nach § 1375 I ist grundsätzlich der Berechnungszeitpunkt der Beendigung des Güterstandes entscheidend; im Falle der Scheidung wäre dies also gem. § 1564 S. 2 mit Rechtskraft des Scheidungsurteils. Allerdings bestimmt § 1384 hierzu eine Ausnahme und verlagert den Berechnungszeitpunkt des Endvermögens auf den Zeitpunkt der **Rechtshängigkeit** des Scheidungsantrags vor. Die **Vorverlagerung** soll verhindern, dass der ausgleichspflichtige Ehegatte den Zugewinn zum Nachteil des anderen zu verringern versucht.

---

[23] Nach der alten Fassung des § 1374 Abs. 1 bis zum 01.09.2009 konnten Verbindlichkeiten nur bis zur Höhe des Vermögens abgezogen werden, so dass hiernach ein negatives Anfangsvermögen ausgeschlossen war.
[24] Palandt §§ 1374-1376, Rn.8.
[25] Zum Thema „Verrechnung" vgl. Palandt §§ 1374-1376, Rn.35 ff.

Gem. §§ 261, 253 ZPO wird eine Klage mit **Zustellung** der Klageschrift an den Gegner rechtshängig, hier also mit Zustellung des Scheidungsantrags an die F am 20.6.20. Zu diesem Zeitpunkt betrug das Vermögen der F 30.000 €. Dass F ihr Vermögen nach diesem Zeitpunkt verprasst hat, ist damit unbeachtlich.

F hat damit einen Zugewinn i.H.v. 20.000 € (30.000 € - 10.000 €) erzielt.

II. Ermittlung des Zugewinns des M gem. § 1373

1. Anfangsvermögen

Das Anfangsvermögen des M betrug 40.000 €. Problematisch ist, ob der **Lottogewinn** als privilegierter Erwerb i.S.d. § 1374 II dem Anfangsvermögen hinzuzurechnen ist. Nach h.M.[26] stellt § 1374 II allerdings eine **abschließende Regelung** dar, die nicht auf andere Erwerbsvorgänge ausgedehnt werden kann. Damit verbleibt es bei einem Anfangsvermögen des M i.H.v. 40.000 €.

2. Endvermögen

Auch hier ist wieder für die Berechnung des Endvermögens gem. § 1384 der Zeitpunkt der Rechtshängigkeit des Scheidungsantrags entscheidend. Am 20.6.20 verfügte M über ein Vermögen i.H.v. 70.000 €. Die nachträgliche Ausgabe für die Weltreise i.H.v. 10.000 € ist damit unbeachtlich.

M hat damit einen Zugewinn i.H.v. 30.000 € (70.000 € - 40.000 €) erzielt.

III. Ermittlung der Zugewinnausgleichsforderung gem. § 1378 I

Der Zugewinn des M übersteigt den Zugewinn der F um 10.000 € (30.000 € - 20.000 €). Die Hälfte davon, also 5.000 €, stehen F als Zugewinnausgleichsforderung gem. § 1378 I gegen M zu.

M kann die Zahlung des Zugewinnausgleichs auch nicht wegen grober Unbilligkeit gemäß § 1381 Abs. 1 BGB verweigern.

---

[26] BGH FamRZ 1977,124; BGH, Beschl. v. 16.10.2013 - XII ZB 277/12; Palandt §§ 1374-1376, Rn.18.

Allein der Umstand, dass der durch den Lottogewinn erzielte Vermögenszuwachs keine innere Beziehung zur ehelichen Lebensgemeinschaft hat, begründet keine grobe Unbilligkeit, weil das Recht des Zugewinnausgleichs, abgesehen von den in § 1374 Abs. 2 BGB genannten Ausnahmen, bewusst nicht nach der Art des Vermögenserwerbs unterscheidet[27].

M hat nach h.M. auch kein Leistungsverweigerungsrecht aufgrund eines eventuellen Ehebruchs der F gem. § 1381, da eine solche Verfehlung nicht einer „wirschaftlichen Verfehlung" nach § 1381 II gleichkommt.

Auch eine Gesamtschau dieser beiden Umstände führt nicht zur Annahme einer groben Unbilligkeit, zumal die Ehe der Beteiligten bei der Trennung immerhin 3 Jahre bestand.

---

[27] Vgl. hierzu auch BGH, Beschl. v. 16.10.2013 - XII ZB 277/12.

Fall 7: Die toskanische Töpferin

▶ **Standort:** Familienrecht, Zugewinnausgleich, ehebedingte Zuwendungen

Markus (M) und Feodora (F) Meier sind seit dem 2.2.13 im Güterstand der Zugewinngemeinschaft verheiratet.

Da F seit ihrem Kurs „Töpfern in der Toskana" begeisterte - wenn auch talentfreie - Hobbytöpferin ist und die gemeinsame Wohnung in eine Töpferwerkstatt umgewandelt hat, reicht M am 5.10.20 die Scheidung ein. Diese wird der F am 8.10.20 zugestellt.

F hatte bei der Eheschließung ein Aktienvermögen von 20.000 €. Aufgrund von Börsenverlusten hatte sie zum Zeitpunkt der Rechtshängigkeit des Scheidungsantrags nur noch ein Aktienvermögen von 15.000 €. Zudem hatte sie noch ein Barvermögen von 5.000 €.

M verfügte bei der Eheschließung über ein Vermögen im Wert von 100.000 €. Am 1.3.18 schenkte M der F einen fabrikneuen Pkw im Wert von 20.000 €, den auch M hin und wieder benutzte. Das Endvermögen des M betrug 90.000 €.

M verlangt die Rückübertragung des Pkws von F. Hilfsweise fordert er Zahlung eines Zugewinnausgleichs.

<u>Anmerkung</u>: Wertsteigerungen aufgrund des Kaufkraftschwundes sind nicht zu prüfen. Ebenso bleibt ein etwaiger Wertverlust des Pkws außer Betracht.

I. Anspruch des M gegen F auf Rückübertragung des Pkws
1. Widerruf einer Schenkung § 531 i.V.m. § 812
   - zwischen Eheleuten i.d.R. keine Schenkung, sondern sog. „unbenannte Zuwendung"
2. bereicherungsrechtliche Ansprüche §§ 812 ff.
   - nach h.M. keine Anwendbarkeit neben § 1372
3. Wegfall der Geschäftsgrundlage § 313
   - i.d.R. auch keine Anwendbarkeit neben § 1372
4. Ergebnis: Kein Anspruch des M auf Rückübertragung

II. Anspruch des M gegen F auf Zugewinnausgleich
1. Zugewinn der F
   a) Anfangsvermögen
      - §1374 II bei unbenannten Zuwendungen (-)
   b) Endvermögen
   c) Zugewinn = 20.000 €
2. Zugewinn des M
   a) Anfangsvermögen
   b) Endvermögen
   c) Zugewinn = 0 €
      - kein negativer Zugewinn möglich
3. Ermittlung der Zugewinnausgleichsforderung gem. § 1378 I
   M stehen 10.000 € als Zugewinnausgleich zu.

I. Anspruch des M gegen F auf Rückübertragung des Eigentums an dem Pkw

1. M könnte gegen F einen Anspruch auf Rückübertragung aus § 531 II i.V.m. § 812 wegen Widerrufs einer Schenkung (grober Undank) haben.

a) Dazu müsste eine **Schenkung** gem. **§ 516** zwischen M und F vorliegen. Voraussetzung hiefür ist, dass sich die Ehegatten über die Unentgeltlichkeit der Zuwendung einig sind. Unentgeltlich ist die Zuwendung, wenn sie unabhängig von einer Gegenleistung ist; dabei muss die Gegenleistung jedoch nicht einen Geld- bzw. Vermögenswert haben[28].

Diese Voraussetzung ist nach der Rechtsprechung[29] bei **Zuwendungen zwischen Ehegatten** i.d.R. jedoch nicht gegeben, da solche Zuwendungen meistens der ehelichen Lebensgemeinschaft dienen (sog. **unbenannte oder ehebedingte Zuwendungen**[30]).

---

[28] Palandt § 516, Rn.10.
[29] BGHZ 87,145; 115,132; BGH NJW 1992, 238.
[30] Diese Auffassung gilt allerdings nur im Familienrecht. Im Erbrecht werden solche Zuwendungen zum Schutz des Pflichtteilsberechtigten als Schenkungen angesehen. Auch bezüglich der Schenkungssteuer werden unbenannte Zuwendungen grundsätzlich als schenkungssteuerpflichtig angesehen (mit Ausn. der Zuwendung eines Familienheims, vgl. § 13 I Nr. 4 a ErbStG).

Eine Schenkung liegt hiernach nur dann vor, wenn die Ehegatten ausdrücklich vereinbart haben, dass die Schenkung nicht auf der Grundlage der Erwartung erfolgt, die Ehe werde Bestand haben[31]. Eine solche Vereinbarung haben M und F nicht getroffen.

Eine ehebedingte Zuwendung liegt hingegen vor, wenn ein Ehegatte dem anderen einen Vermögenswert um der Ehe willen und als Beitrag zur Verwirklichung und Ausgestaltung, Erhaltung oder Sicherung der ehelichen Lebensgemeinschaft zukommen lässt, wobei er die Vorstellung oder Erwartung hegt, dass die eheliche Lebensgemeinschaft Bestand haben und er innerhalb dieser Lebensgemeinschaft am Vermögenswert und dessen Früchten teilhaben werde[32]. Bei der Zuwendung des Pkws am 1.3.18 ist noch davon auszugehen, dass die Eheleute dachten, die Ehe werde Bestand haben. Daher sollte der Pkw als Beitrag zur Verwirklichung bzw. Sicherung der ehelichen Lebensgemeinschaft dienen, wobei auch M den Wagen hin und wieder nutzte und daher am Vermögenswert teilhatte. Damit liegt keine Schenkung gem. § 516 vor. Auf die Voraussetzungen des § 530 kommt es daher nicht mehr an.

2. Ergebnis: M hat keinen Rückübereignungsanspruch gem. § 531 II i.V.m. § 812.

---

[31] BGH FamRZ 1983,668; auch bei Zuwendungen zum Geburtstag oder zu Weihnachten handelt es sich i.d.R. um echte Schenkungen.
[32] Eine Zuwendung unter Ehegatten kann nach der neueren Rechtsprechung u.U. auch ein *Beitrag im Rahmen einer Ehegatteninnengesellschaft* sein (z.B. bei Aufbau eines Unternehmens).

2. M könnte gegen F einen Anspruch auf Rückübertragung aus Bereicherungsrecht gem. §§ 812 ff. haben.

Dazu müssten die §§ 812 ff. anwendbar sein. Nach h.M.[33] werden diese Vorschriften allerdings durch die güterrechtlichen Regeln über den Zugewinnausgleich verdrängt. Damit besteht auch kein Anspruch des M gem. §§ 812 ff.

3. Schließlich kommt ein Anspruch des M gegen F auf Rückübertragung wegen Wegfalls der Geschäftsgrundlage aus § 313 in Betracht.

Gem. § 313 kann das Scheitern der Ehe dann zu einer Rückübertragung der unbenannten Zuwendung führen, wenn dem Zuwendenden die Beibehaltung der Vermögensverhältnisse, die durch die Zuwendung herbeigeführt worden ist, unter Berücksichtigung aller Umstände des Einzelfalls nicht zuzumuten ist.

Der Gesichtspunkt der WGG wird in erster Linie im Fall der **Gütertrennung** eingreifen können. Bei der **Zugewinngemeinschaft** gehen auch hier wieder grundsätzlich die Vorschriften über den Zugewinnausgleich vor[34]. Eine Korrektur ist hier nur möglich, wenn das Ergebnis des Zugewinnausgleichs für den Zuwender **schlechthin unangemessen und unzumutbar** ist[35]. Dabei sind u.a. zu berücksichtigen die Dauer der Ehe, das Alter der Ehegatten, Art und Höhe der erbrachten Leistung, die Höhe der noch vorhandenen Vermögenserhöhung sowie die Einkommensverhältnisse der Ehegatten[36]. In Anbetracht der (relativ) geringen Schenkung i.H.v. 20.000 € im Verhältnis zu dem sonstigen Vermögen des M sind solche besonderen Umstände vorliegend nicht erkennbar.

---

[33] BGH FamRZ 1989,147; Palandt § 1372, Rn.5; a.A. Lipp JuS 1993,95.

[34] BGHZ 82,227; BGHZ 65,320; an sich müsste hier zunächst die Höhe der Zugewinnforderung ermittelt werden.

[35] BGH FamRZ 1991,1169; insbesondere ist der Anspruch auf Rückgewähr vereinzelt bei der Zuwendung von Miteigentumsanteilen an Grundstücken bejaht worden.

[36] Vgl. Heinle FamRZ 1992, 1256.

Eine außergewöhnliche Unbilligkeit für M ist somit nicht anzunehmen, so dass es bei den Regeln über den Zugewinnausgleich verbleibt.

4. Ergebnis: Damit hat M keinen Anspruch auf Rückübertragung des Eigentums an dem Pkw.

II. Anspruch des M auf Zugewinnausgleich

Gem. § 1378 I steht einem Ehegatten die Hälfte des Überschusses als Ausgleichsforderung zu, wenn der Zugewinn des einen Ehegatten den Zugewinn des anderen übersteigt.

1. Zugewinn der F

a) Anfangsvermögen

F hatte bei der Eheschließung ein Vermögen von 20.000 €. Fraglich ist, ob die Schenkung des Pkws i.H.v. weiteren 20.000 € ihrem Anfangsvermögen als sog. privilegierter Erwerb gem. § 1374 II hinzuzurechnen ist. **Unbenannte Zuwendungen** zwischen Ehegatten sind allerdings nach h.M. **kein privilegierter Erwerb**, da solche Zuwendungen ja gerade einen Zugewinnausgleichsanspruch auslösen sollen. Damit verbleibt es bei einem Anfangsvermögen der F i.H.v. 20.000 €.

b) Endvermögen

F hat ein Endvermögen i.H.v. 40.000 € (15.000 € + 5.000 € + 20.000 €). Ein etwaiger Wertverlust des Pkw bleibt hierbei laut Sachverhalt außer Betracht.

c) Zugewinn

Damit hat F einen Zugewinn i.H.v. 20.000 € erzielt (40.000 €- 20.000 €).

2. Zugewinn des M

a) Anfangsvermögen
Das Anfangsvermögen des M betrug 100.000 €.

b) Endvermögen
Das Endvermögen des M beträgt 90.000 €

c) Zugewinn
M hat einen Zugewinn i.H.v. 0 € erzielt. Nach dem Begriff des Zugewinns gem. § 1373 kann auch der **Zugewinn** selbst **niemals** eine **negative** Größe sein, so dass Verluste eines Ehegatten insoweit nicht auszugleichen sind[37].

3. Ermittlung der Zugewinnausgleichsforderung gem. § 1378

Damit steht M gem. § 1378 I eine Zugewinnausgleichsforderung gegen F i.H.v. 10.000 € zu. Somit erhält er die Hälfte des Wertes des Pkws als Zugewinnausgleich zurück. Eine Anrechnung des Pkws gem. § 1380 als sog. Vorausempfang findet nicht statt, da nicht F, sondern M ein Zugewinnausgleich zusteht[38].

---

[37] Palandt § 1373, Rn.4.
[38] § 1380 ist nach h.M. nur anwendbar, wenn der Zuwendungsempfänger eine Ausgleichsforderung hat; dann würden vorausgegangene Zuwendungen auf die Zugewinnausgleichsforderung angerechnet. Zur Berechnung s. Bsp. bei Schlüter, FamR, Rn.132.

Fall 8: Kamillentee oder OP?

▶ **Standort:** Familienrecht, elterliche Sorge, Personen- und Vermögenssorge

Die Eltern der 12-jährigen Maja (M), Samuel (S) und Lea (L) Ohnsorg, sind Anhänger der christlichen Sekte „Christi Leben". Die Sekte lehnt u.a. die „Schulmedizin" ab und propagiert stattdessen „Naturheilverfahren".

Als Maja schwer an einer Blinddarmentzündung erkrankt, verweigert der Vater seine Zustimmung zur lebensnotwendigen Operation. Er ist der Auffassung, dass auch ein Kamillentee helfen würde. Die Mutter Lea verklagt ihn vor dem Familiengericht auf Erteilung der Zustimmung.

Zu Recht? Könnte die Operation durchgeführt werden, wenn auch die Mutter gegen die Operation wäre?

1. Fortsetzung: Von ihrer Großmutter hat Maja ein Haus geerbt. Die Eltern möchten das Haus gerne an die Sekte schenken. Ist das möglich?

2. Fortsetzung: Könnten die Eltern ihr eigenes Haus aus an Maja übertragen, z.B. aus steuerlichen Gründen?

Frage 1.: Antrag auf Übertragung der alleinigen Entscheidungs-befugnis gem. § 1628
1. Angelegenheit der elterlichen Sorge
   a) S und L sind als Eltern Träger der elterlichen Sorge.
   b) Umfang: hier Fall der Personensorge gem. §§ 1626, 1629, 1631
2. Einzelne Angelegenheit von erheblicher Bedeutung
3. Versuch der vorherigen Einigung gem. § 1627 S. 2
4. Antrag gem. § 1628
5. Übertragung der alleinigen Entscheidungsbefugnis nach dem Kindeswohl
6. Ergebnis: das Gericht wird zum Wohl von M voraussichtlich L die Entscheidungsbefugnis übertragen

Frage 2.: Eingriff in die elterliche Sorge gem. § 1666
1. Gefährdung des Kindeswohls
2. kein Wille zur Gefahrabwendung
3. erforderliche Maßnahme
   -Grundsatz der Verhältnismäßigkeit zu beachten
4. gerichtliche Ersetzung der erforderlichen Erklärungen gem. § 1666 III
5. Ergebnis: Das Gericht kann gem. § 1666 die erforderliche Operation anordnen.

1. Fortsetzung: Ausübung der Vermögenssorge
1. Grundsätzlich Vertretungsmacht zur Ausübung der Vermögenssorge gem. §§ 1626, 1629 I
2. Ausschluss der Vertretungsmacht
   a) gem. § 1629 II i.V.m. § 1795
   b) gem. § 1641
3. Ergebnis: Wirksame Schenkung gem. § 1641 nicht möglich.

2. Fortsetzung
1. Ausübung der Vermögenssorge
   a) Kein Ausschluss der Vertretungsmacht gem. § 1629 II i.V.m.
      § 1795 II, 181 (Insichgeschäft)
      - teleologische Reduktion des § 181, wenn das Rechtsgeschäft für den Minderjährigen lediglich rechtlich vorteilhaft ist (h.M.)
   b) Kein Ausschluss gem. § 1643 i.V.m. § 1821
2. Ergebnis: Schenkung und Übereignung wirksam.

Frage 1: Anspruch auf „Zustimmung"

L klagt auf Erteilung der Zustimmung zur Operation. Das Gesetz sieht bei Meinungsverschiedenheiten der Eltern jedoch vor, dass das Familiengericht die Entscheidung einem Elternteil überträgt. Der Antrag der L ist daher dahingehend auszulegen, dass sie gem. **§ 1628** beantragt, die Entscheidung ihr allein zu übertragen.

1. Gem. § 1628 müsste es sich zunächst um eine **Angelegenheit der elterlichen Sorge** handeln.

a) Träger der elterlichen Sorge sind die Eltern gemeinsam, wenn das Kind **während der Ehe** zur Welt kommt, § 1626 I[39]. Mangels entgegenstehender Anhaltspunkte ist bei M davon auszugehen, dass sie während der Ehe zur Welt gekommen ist. Damit steht L und M die gemeinsame Sorge zu.

b) Gem. **§ 1626 I 2 umfasst** die elterliche Sorge die **Personensorge** und die **Vermögenssorge** des Kindes. In diesen Bereichen steht den Eltern gem. § 1626 I die tatsächliche Sorge zu, aber auch gem. § 1629 I 1 die **Vertretung** des Kindes gegenüber Dritten. In Betracht kommt hier ein Fall der Personensorge. Gem. § 1631 I umfasst die **Personensorge** insbesondere die Pflicht und das Recht, das Kind zu pflegen, zu erziehen, zu beaufsichtigen und seinen Aufenthalt zu bestimmen. Vorliegend ist die Pflege des Kindes, also die Sorge für das leibliche Wohl von M betroffen, da es um die Frage der Operation wegen einer Blinddarmentzündung geht.

Damit handelt es sich um eine Angelegenheit der elterlichen Sorge in Form der Personensorge.

2. Ferner müssten sich gem. § 1628 S und L in einer **einzelnen** Angelegenheit der elterlichen Sorge nicht einigen können. Dabei muss es sich um eine Angelegenheit von **erheblicher Bedeutung** handeln. Dies liegt hier vor, da bei einer Blinddarmentzündung die Gesundheit von M in erheblichem Maße betroffen ist. L und S können sich auch nicht über die Vornahme einer Operation einigen.

3. Gem. **§ 1627 S. 2** müssen die Eltern zunächst **versuchen, sich zu einigen**. Es ist davon auszugehen, dass S und L dies versucht haben.

4. L hat ferner einen **Antrag** gem. § 1628 S. 1 gestellt.

5. Gem. § 1628 entscheidet das Gericht nicht selbst in der Sache, sondern **überträgt die Entscheidungsbefugnis** in der umstrittenen Sache **einem Elternteil**.

---

[39] Palandt § 1626, Rn.6.

Dabei wird das Gericht voraussichtlich denjenigen Elternteil vorziehen, dessen Standpunkt nach Überzeugung des Gerichts besser dem **Kindeswohl** entspricht. Laut Sachverhalt ist die Operation von M lebensnotwendig. Die Behandlung mit Kamillentee allein ist hingegen nicht geeignet, eine Blinddarmentzündung zu heilen. Damit entspricht eine Operation dem Kindeswohl von M, so dass das Gericht L die alleinige Entscheidungsbefugnis in der Frage der Operation zusprechen wird. Gem. **§ 1629 I 3** steht L dann auch die **alleinige** gesetzliche **Vertretungsmacht** zum Abschluss der erforderlichen Behandlungsverträge zu.

6. Ergebnis: Das Familiengericht wird voraussichtlich L gem. § 1628 die alleinige Entscheidung in der Frage der Operation von M übertragen.

Frage 2: Das Familiengericht könnte gem. § 1666 I befugt sein, in die elterliche Sorge von S und L einzugreifen und eine Operation von M anzuordnen.

1. Dazu müsste das körperliche, geistige oder seelische **Wohl des Kindes** gefährdet sein. Dies ist hier gegeben, da bei einer Blinddarmentzündung das Leben und die Gesundheit von M gefährdet sind[40].

2. S und L sind auch gem. § 1666 I nicht gewillt, die Gefahr von M abzuwenden.

3. Das Familiengericht ist somit berechtigt, die zur Abwendung der Gefahr **erforderlichen** Maßnahmen zu treffen. Die angeordneten Maßnahmen müssen **verhältnismäßig** sein (argumentum e § 1666 a). Die Anordnung der lebenswichtigen Operation ist erforderlich, da eine andere, gleich geeignete medizinische Maßnahme nicht ersichtlich ist. Auch an der Verhältnismäßigkeit einer solchen Anordnung bestehen keine Bedenken.

4. Gem. **§ 1666 III** Nr. 5 kann das Gericht Erklärungen der Inhaber der elterlichen Sorge ersetzen und damit z.B. die erforderlichen Einwilligungen in eine Heilbehandlung erklären.

---

[40] Vgl. zum Unterlassen ärztlich gebotener Behandlungen auch Palandt § 1666, Rn.12.

5. Ergebnis: Das Familiengericht kann gem. § 1666 I die Operation von M anordnen.

1. Fortsetzung

Die Schenkung des Hausgrundstückes an die Sekte könnte eine zulässige Ausübung der elterlichen Sorge in Form der Vermögenssorge gem. §§ 1626, 1629 I sein.

1. S und L steht die elterliche Sorge gem. § 1626 I zu. Die elterliche Sorge umfasst neben der Personensorge auch gem. § 1626 I 2 die **Vermögenssorge**. Die Vermögenssorge erstreckt sich auf alle tatsächlichen und rechtlichen Maßnahmen, die der Erhaltung, Vermehrung und Verwertung des Kindesvermögens dienen. Gem. § 1638 I erstreckt sich die Vermögenssorge ausnahmsweise nicht auf das Vermögen, welches das Kind von einem Dritten unentgeltlich oder von Todes wegen erworben hat, wenn der Dritte bei der Zuwendung bestimmt hat, dass die Eltern dieses Vermögen nicht verwalten sollen. Von einer solchen Bestimmung in dem Testament der Großmutter ist nichts bekannt, so dass § 1638 I nicht eingreift. Daher unterliegt die Übertragung des Hausgrundstückes der elterlichen Sorge von S und L. Damit können S und L grundsätzlich gem. § 1629 I ihr Kind M bei der Schenkung des Hauses an die Sekte vertreten.

2. Die Vertretungsmacht der Eltern unterliegt jedoch in bestimmten Fällen gesetzlichen **Ausschlüssen und Beschränkungen**.

a) Gem. **§ 1629 II 1** können die Eltern das Kind insoweit nicht vertreten, als nach **§ 1795** ein Vormund von der Vertretung des Kindes ausgeschlossen ist. § 1795 I betrifft dabei Fälle **möglicher Interessenkollisionen**, z.B. wenn die Eltern das Kind bei einem Rechtsgeschäft zwischen dem Kind und seinem ebenfalls minderjährigen Geschwisterteil vertreten wollen. Ein Fall des § 1795 I ist vorliegend nicht gegeben.

Als wichtigster Anwendungsfall ist nach **§ 1795 II das Verbot des Selbstkontrahierens gem. § 181** (Insichgeschäft) zu beachten. Solche Rechtsgeschäfte, die die Eltern mit dem Kind als dessen Vertreter schließen wollen, sind gem. § 134 nichtig. Allerdings liegt vorliegend auch kein Insichgeschäft vor, da die Eltern das Haus an die Sekte übertragen wollen. Damit ist kein Ausschluss gem. § 1629 II i.V.m. § 1795 gegeben.

b) Nach **§ 1641** können die Eltern jedoch keine Schenkungen in Vertretung des Kindes machen. Eine Ausnahme besteht gem. § 1641 S. 2 nur für Anstandsschenkungen. Da die Eltern das Haus der Sekte schenken wollen und dies keine Anstandsschenkung i.S.d. § 1641 S. 2 darstellt, greift das **Schenkungsverbot** des § 1641 ein. Somit können die Eltern ihr Kind M bei der Schenkung des Hausgrundstücks an die Sekte nicht wirksam vertreten.

3. Ergebnis**:** Die Eltern S und L können ihr Kind M nicht wirksam gem. §§ 1626, 1629 I bei der Schenkung des Hausgrundstücks an die Sekte vertreten, da ihre Vertretungsmacht durch das Schenkungsverbot des § 1641 insoweit ausgeschlossen ist.

2. Fortsetzung

Die Übertragung des Hausgrundstückes an M könnte eine zulässige Ausübung der elterlichen Sorge in Form der Vermögenssorge gem. §§ 1626, 1629 I sein.

1. Den Eltern S und L steht die Vermögenssorge gem. §§ 1626, 1629 I zu (s.o.). Fraglich ist, ob ein Ausschluss oder eine Beschränkung der Vermögenssorge eingreift.

a) Gem. **§ 1629 II 1 i.V.m. §§ 1795 II, 181** gilt das Verbot des Selbstkontrahierens. Die beabsichtigte Übertragung des Hausgrundstücks von den Eltern an das Kind ist grundsätzlich hiervon umfasst. Allerdings greift § 181 nach der Rechtsprechung[41] dann nicht ein, wenn das Insichgeschäft dem Vertretenen einen **lediglich rechtlichen Vorteil** bringt, da hier ein Interessenwiderstreit ausgeschlossen ist und die Belange Dritter nicht entgegenstehen (**teleologische Reduktion**).

Für die Beurteilung, ob die Schenkung des Hausgrundstücks M einen lediglich rechtlichen Vorteil bringt, sind nur die *rechtlichen*

---

[41] BGHZ 59,240; BGH NJW 1982,1984.

Folgen des Geschäfts entscheidend. Vorliegend ist die Schenkung für M lediglich rechtlich vorteilhaft, da M im Gegenzug keine rechtsgeschäftlichen Verpflichtungen übernimmt. Auch das Verfügungsgeschäft, also die Übertragung des Eigentums an dem Grundstück, bringt M einen lediglich rechtlichen Vorteil. Nach h.M. stellen die auf dem Grundstückseigentum liegenden öffentlichen Lasten, wie etwa Grundsteuer oder Anliegerbeträge, keinen rechtlichen Nachteil dar. Damit greift das Verbot des Selbstkontrahierens gem. § 1629 II 1 i.V.m. §§ 1795 II, 181 nicht ein.

b) Gem. **§ 1643** ist in bestimmten Fällen der §§ 1821, 1822 zwar nicht die Vertretungsmacht der Eltern ausgeschlossen, jedoch ist für die Wirksamkeit des Rechtsgeschäfts die **Genehmigung des Familiengerichts** erforderlich. Vorliegend könnte § 1821 eingreifen, da er Grundstücksgeschäfte betrifft. Jedoch betrifft § 1821 I Nr. 1 - 4 nur die Veräußerung *bereits vorhandenen* Grundbesitzes. Für den Erwerb eines neuen Grundstücks findet § 1821 I Nr. 1 - 4 demgegenüber keine Anwendung. Genehmigungspflichtig ist gem. § 1821 I Nr. 5 weiterhin ein Vertrag, der auf den *entgeltlichen* Erwerb eines Grundstücks gerichtet ist. Da die Eltern M das Grundstück schenken wollen, greift mithin auch § 1821 Nr. 5 nicht ein.

Ein Ausschluss oder eine Beschränkung der elterlichen Sorge ist somit nicht gegeben.

2. Ergebnis: Die Eltern können das Hausgrundstück wirksam an M gem. §§ 1626, 1629 I übertragen. Sowohl der Schenkungsvertrag, als auch die dingliche Übertragung des Eigentums sind wirksam.

Fall 9: Der Weltenbummler

▸ **Standort:** Familienrecht, Abstammung, Unterhaltsrecht

Der Popstar André R. (R) befindet sich mit seinem Ensemble auf zweijähriger Welttournee.

Als er Anfang 2021 nach Hause zurückkommt, muss er zu seinem Erstaunen feststellen, dass seine Ehefrau Feodora (F) den mittlerweile einen Monat alten Konrad (K) zur Welt gebracht hat. F fordert gerichtlich von ihm Unterhalt für K. R lehnt dies erzürnt ab, da er nicht der Vater von K sei.

Zu Recht?

Anspruch des K gegen R gem. § 1601
1. Verwandter in gerader Linie
   a) Vaterschaft gem. § 1592 Nr.1
     - kein Ausschluss gem. § 1599 II
   b) Anfechtung der Vaterschaft
     (1) Anfechtungsberechtigter § 1600
     (2) Persönliche Anfechtung § 1600 a
     (3) Anfechtungsfrist § 1600 b
2. Ergebnis: Kein Anspruch nach Anfechtung

K könnte gegen R einen Anspruch aus § 1601 auf Zahlung von Unterhalt haben.

1. Voraussetzung für einen Unterhaltsanspruch bei Bedürftigkeit ist zunächst gem. § 1601 die *Verwandtschaft in gerader Linie*. Gem. § 1598 ist eine Person, die von einer anderen Person abstammt, mit ihr in gerader Linie verwandt. Fraglich ist also, ob R der Vater von K ist.

a) Gem. **§ 1592 Nr. 1** ist Vater eines Kindes der Mann, der zum Zeitpunkt der Geburt mit der Mutter des Kindes **verheiratet** ist. Da R und F zum Zeitpunkt der Geburt miteinander verheiratet waren, gilt R mithin als Vater von K. Ein Ausschlussgrund gem. **§ 1599 II** greift nicht ein, da ein Scheidungsantrag nicht anhängig war.

b) R könnte die Vaterschaft jedoch wirksam angefochten haben. In der Erklärung des R vor Gericht, er sei nicht der Vater von K, ist die Erklärung der Anfechtung der Vaterschaft zu sehen.

(1) Anfechtungsberechtigte sind gem. **§ 1600** die Mutter, das Kind, der Mann, dessen Vaterschaft nach § 1592 Nr. 1 oder Nr. 2 besteht sowie der Mann[42], der an Eides statt versichert, der Mutter des Kindes während der Empfängniszeit beigewohnt zu haben. R ist mithin als Mann, dessen Vaterschaft gem. § 1592 Nr. 1 besteht, anfechtungsberechtigt gem. § 1600 I Nr. 1.

(2) Gem. **§ 1600 a** kann die Anfechtung nur persönlich erfolgen. Dies ist hier erfolgt.

(3) Gem. **§ 1600 b I 1** kann die Vaterschaft nur binnen zwei Jahren gerichtlich angefochten werden. Die Frist beginnt nach S. 2 jedoch erst mit dem Zeitpunkt, in dem der Berechtigte von den Umständen erfährt, die gegen die Vaterschaft sprechen und nach § 1600 b II nicht vor der Geburt des Kindes. Die Frist wurde hier zweifelsfrei eingehalten.

Damit liegt eine wirksame Anfechtung der Vaterschaft vor.

2. Ergebnis: R muss für K keinen Unterhalt leisten, da er aufgrund der wirksamen Anfechtung mit K nicht gem. § 1601 in gerader Linie verwandt ist[43].

---

[42] Diese Regelung wurde eingeführt, da ein Mann, der glaubt, der leibliche Vater zu sein, sonst nur auf die gerichtliche Feststellung der Vaterschaft gem. § 1600 d verwiesen wurde. Eine gerichtliche Feststellung ist jedoch nur möglich, wenn keine Vaterschaft gem. § 1591 Nr. 1 oder Nr. 2, § 1593 besteht. Wenn also kein sonstiger Anfechtungsberichtigter angefochten hatte, war die Feststellung der Vaterschaft nicht möglich.

[43] Anmerkung: Hätte R schon Unterhalt geleistet, so würde gem. § 1607 III 2 der Unterhaltsanspruch des Kindes gegen den Vater auf ihn übergehen.

Fall 10: Der vermögende Arzt

▶ **Standort:** Familienrecht, Unterhaltsrecht, Rangfolge

Der 32-jährige, gut verdienende Arzt Manuel (M) und die 29-jährige Lehrerin Frauke (F) Schmidt haben sich nach sieben Jahren Ehe getrennt und sind geschieden.

Die gemeinsame vierjährige Tochter Tanja (T) wird von F betreut, die daher nicht selbst erwerbstätig ist. T besucht mittlerweile vormittags den Kindergarten. Sonstige Möglichkeiten der Kinderbetreuung stehen der F nicht zur Verfügung. Weder F, noch T besitzen nennenswertes Vermögen.

M lebt inzwischen mit seiner neuen Ehefrau Julia (J) zusammen. J betreut den gemeinsamen einjährigen Sohn Stefan (S) und ist nicht erwerbstätig.

M verweist darauf, dass er bereits Unterhalt für J und S zahlt. Kann F dennoch für ihre Tochter T und für sich selbst Unterhalt von M fordern?

<u>Abwandlung</u>: M und F waren niemals verheiratet. Kann F Unterhalt für ihre Tochter T und für sich selbst fordern?

I. Unterhaltsanspruch der T gegen M
1. Verwandtschaft in gerader Linie gem. § 1601 (+)
2. Bedürftigkeit der T gem. § 1602 (+)
3. Leistungsfähigkeit des M gem. § 1603 grds. (+)
4. Umfang gem. § 1610: angemessener Unterhalt
5. Ergebnis: Anspruch der T gegen M gem. §§ 1601 ff. grds. (+)

II. Unterhaltsanspruch der F gegen M
1. Anspruch auf Betreuungsunterhalt gem. § 1570 I
   a) Scheidung (+)
   b) gemeinschaftliches Kind (+)
   c) in Pflege oder Erziehung (+)
   d) Rechtfolge: Verlängerung des Unterhaltsanspruchs gem. § 1570 I 2 wegen Billigkeit
2. Bedürftigkeit der F gem. § 1577 (+)

3. Leistungsfähigkeit des M gem. § 1581 grds. (+)
4. Kein Ausschluss gem. § 1579 (+)
5. Umfang gem. § 1578 I
6. Ergebnis: Anspruch der F gegen M gem. § 1570 I grds. (+), aber evtl. Berücksichtigung der Möglichkeit einer Teilerwerbstätigkeit bei F

III. Reihenfolge der Berechtigten gem. § 1609
1. Erstrangig die Kinder T und S gem. § 1609 Nr. 1 (jeweils gleichberechtigt)
2. Zweitrangig F und J gem. § 1609 Nr. 2 (jeweils gleichberechtigt)

Abwandlung:
I. Unterhaltsanspruch der T gegen M gem. §§ 1601 ff i.V.m. § 1615 a (+)
II. Unterhaltsanspruch der F gegen M gem. § 1615 l Abs. 2 (+)
III. Kein Unterschied in der Reihenfolge der Unterhaltsberechtigten gem. § 1609

I. Unterhaltsanspruch der T gegen M

Die Voraussetzungen für das Bestehen eines Unterhaltsanspruchs sind auf mehrere Vorschriften verteilt.

1. Gem. § 1601 ist grundlegende Voraussetzung eine **Verwandtschaft in gerader Linie** (vgl. § 1589 S. 1). Dies ist zwischen T und M gegeben.

2. Weitere Voraussetzung ist gem. § 1602 I die **Bedürftigkeit** des Unterhaltsberechtigten. Unterhaltsberechtigt ist nur, wer außerstande ist, sich selbst zu unterhalten. Die Bedürftigkeit besteht daher in der Vermögenslosigkeit und dem Fehlen von Einkünften. Gem. § 1602 II kann jedoch ein minderjähriges unverheiratetes Kind von seinen Eltern, auch wenn es Vermögen hat, die Gewährung von Unterhalt insoweit verlangen, als die Einkünfte seines Vermögens und der Ertrag seiner Arbeit zum Unterhalt nicht ausreichen. Ein minderjähriges Kind muss daher den Stamm seines Vermögens nicht angreifen.

Da T kein eigenes Vermögen besitzt, ist sie bedürftig.

3. Ferner muss die **Leistungsfähigkeit** des Betroffenen gegeben sein, **§ 1603**. Gem. § 1603 I ist nicht unterhaltspflichtig, wer bei Berücksichtigung seiner sonstigen Verpflichtungen außerstande ist, ohne Gefährdung seines angemessenen Unterhalts den Unterhalt zu gewähren. Für Eltern besteht jedoch gem. § 1603 II eine *erweiterte Unterhaltspflicht* gegenüber ihren minderjährigen unverheirateten Kindern. Hiernach sind sie verpflichtet, alle verfügbaren Mittel zu ihrem und der Kinder Unterhalt gleichmäßig zu verwenden[44].

Da M gut verdient, ist grundsätzlich von seiner Leistungsfähigkeit auszugehen[45].

4. Der **Umfang** des Unterhaltsanspruchs richtet sich nach **§ 1610 I** nach der Lebensstellung des Bedürftigen. Dabei schuldet M einen angemessenen Unterhalt. Der Unterhalt ist gem. § 1612 grundsätzlich durch eine Geldrente monatlich im Voraus zu leisten.

Der Kindesunterhalt kann unter den Voraussetzungen des neugefassten **§ 1612 a** auch je nach Altersstufe als Prozentsatz des jeweiligen Mindestunterhalts verlangt werden. Der Mindestunterhalt richtet sich nach dem doppelten Freibetrag für das sächliche Existenzminimum eines Kindes (Kinderfreibetrag) nach § 32 Abs. 6 Satz 1 EStG. Er ist in der Übergangsvorschrift des **§ 36 Nr. 4 EGZPO** festgelegt.

5. <u>Ergebnis</u>: T kann von M grundsätzlich gem. §§ 1601 ff. einen angemessenen Unterhalt verlangen.

---

[44] Der Elternteil, der ein minderjähriges unverheiratetes Kind betreut, erfüllt seine Unterhaltsverpflichtung gem. § 1606 III 2 in der Regel durch die Pflege und Erziehung des Kindes.

[45] Zur Rangfolge der Unterhaltsberechtigten s. S. 49.

II. Unterhaltsanspruch der F gegen M

Soweit ein Ehegatte außerstande ist, für seinen eigenen Unterhalt zu sorgen, greift gem. § 1569 ein Unterhaltsanspruch gegen den anderen Ehegatten.

1. Dabei genügt jedoch nicht nur die Bedürftigkeit des Ehegatten. Vielmehr muss zusätzlich einer der Tatbestände der §§ 1570 ff. gegeben sein. In Betracht kommt vorliegend der Anspruch auf **Betreuungsunterhalt** gem. **§ 1570 I.**

a) F müsste zunächst **geschieden** sein[46]. Dies ist hier der Fall.

b) Weiterhin betreut F ein **gemeinschaftliches Kind**, da T während der Ehe geboren wurde.

c) Sie müsste dies auch in **Pflege** oder **Erziehung** haben. Die Begriffe Pflege und Erziehung umschreiben dabei den Inhalt der elterlichen Personensorge. Vorliegend ist T in Pflege und Erziehung bei F.

d) Bei der Rechtsfolge ist zu unterscheiden: Gem. **§ 1570 I 1** kann ein geschiedener Ehegatte für **mindestens 3 Jahre** nach der Geburt Unterhalt verlangen. Somit kann sich der unterhaltsbedürftige Ehegatte während der ersten drei Jahre frei entscheiden, ob er das Kind selbst betreuen will oder eine Betreuungsmöglichkeit durch Dritte nutzt.

T ist jedoch schon 4 Jahre alt. Hier **verlängert** sich gem. **§ 1570 I 2** die Dauer des Unterhaltsanspruchs, solange und soweit dies der **Billigkeit** entspricht. Dabei sind gem. § 1570 I 3 die **Belange des Kindes** und die bestehenden Möglichkeiten der **Kinderbetreuung** zu berücksichtigen. Bei der Auslegung dieser Vorschrift soll nach dem Willen des Gesetzgebers das bisherige, von der Rechtsprechung des BGH entwickelte „Altersphasenmodell" nicht mehr angewandt werden[47]. Vielmehr soll im konkreten Fall untersucht werden, inwieweit nach der konkreten Betreuungssituation vor Ort von dem betreuenden Elternteil neben der Kinderbetreuung eine

---

[46] Liegt noch keine Scheidung vor, kommt ein Trennungsunterhalt gem. § 1361 in Betracht.
[47] Palandt § 1570, Rn. 12; OLG Karlsruhe NJW 2004, 523.

48

(Teil-)Erwerbstätigkeit erwartet werden kann[48]. Gem. § 1574 obliegt es dem geschiedenen Ehegatten, eine angemessene Erwerbstätigkeit auszuüben.

Eine Teilerwerbstätigkeit ist jedenfalls dann zumutbar, wenn - wie vorliegend - das Kind einen Kindergarten besucht[49]. Weitere Betreuungsmöglichkeiten stehen der F nicht zur Verfügung. Daher müsste bei der F näher untersucht werden, inwieweit bei ihr die Möglichkeit einer Teilzeittätigkeit als Lehrerin besteht. Sollte eine solche Möglichkeit bestehen, müsste sich F bei der Bemessung des Unterhaltsanspruchs diese entgegenhalten lassen, auch wenn sie derzeit nicht arbeiten geht.

2. Gem. **§ 1577** ist entsprechend § 1602 weiterhin die **Bedürftigkeit** der F Voraussetzung. F besitzt kein eigenes Vermögen, muss sich aber die Möglichkeit einer Teilerwerbstätigkeit zurechnen lassen (s.o.).

3. Ferner muss gem. **§ 1581** entsprechend § 1603 eine **Leistungsfähigkeit** auf Seiten des M gegeben sein. Diese liegt grundsätzlich vor.

4. Ein **Ausschluss** des Unterhaltsanspruchs wegen grober Unbilligkeit gem. **§ 1579** ist nicht erkennbar. Insbesondere liegt gem. § 1579 Nr. 1 keine kurze Ehedauer vor.

5. Der **Umfang** des Unterhalts bestimmt sich gem. **§ 1578 I** nach den bisherigen Lebensverhältnissen und umfasst den gesamten Lebensbedarf. Er ist gem. § 1585 II durch eine monatlich im Voraus zu zahlende Geldrente zu gewähren.

6. Ergebnis: F kann von M gem. § 1569 i.V.m. § 1570 grundsätzlich die Zahlung eines angemessenen Unterhalts verlangen. Dabei muss sie sich jedoch evtl. die Möglichkeit einer Teilerwerbstätigkeit entgegenhalten lassen.

---

[48] Klein, Das neue Unterhaltsrecht, 2008, S. 44.
[49] Klein, Das neue Unterhaltsrecht, 2008, S. 55.

III. Reihenfolge der Unterhaltsberechtigten gem. § 1609[50]

Neben F und T kommen auch noch die neue Frau J sowie das Kind S als Unterhaltsberechtigte in Betracht. Sollte M **außerstande** sein, allen Unterhalt zu gewähren, so gilt nach Regelung des **§ 1609** u.a. folgende **Rangfolge**:

1. minderjährige unverheiratete Kinder und Kinder im Sinn des § 1603 II 2
2. Elternteile, die wegen der Betreuung eines Kindes unterhaltsberechtigt sind oder im Fall einer Scheidung wären, sowie Ehegatten und geschiedene Ehegatten bei einer Ehe von langer Dauer
3. Ehegatten und geschiedene Ehegatten, die nicht unter Nr. 2 fallen
4. Kinder, die nicht unter Nr. 1 fallen.

Die Rangordnung greift jedoch nur, wenn die vorhandenen Mittel des M nicht zur Leistung des jeweils vollen Unterhalts an alle Unterhaltsgläubiger ausreichen sollten.

1. Ein Kernpunkt der Neuregelung des § 1609 ist der **absolute Vorrang** des Unterhalts **minderjähriger** unverheirateter **Kinder**.

Damit stehen die Kinder T und S als Unterhaltsberechtigte jeweils gleichgestellt im 1. Rang.

2. Erst im **2. Rang** stehen nunmehr **Elternteile**, die wegen der **Betreuung eines Kindes** unterhaltsberechtigt sind.

Diese waren nach der alten Rechtslage den minderjährigen Kindern im 1. Rang gleichgestellt. Jedoch ging bei der Ermittlung des Unterhalts der geschiedene Ehegatte dem neuen Ehegatten vor (§ 1582 a.F.).

---

[50] Zum Unterhaltsbedarf und zum Rang der Ansprüche, wenn der Unterhaltspflichtige neben einem geschiedenen Ehegatten auch einem neuen Ehegatten unterhaltspflichtig ist vgl. BGH Urteil vom 30. Juli 2008 XII ZR 177/06.

Nunmehr sind F und J als Elternteil, die wegen der Betreuung eines Kindes nach § 1570 unterhaltsberechtigt sind bzw. wären, jedoch gleichgestellt unterhaltsberechtigt im 2. Rang.

Ergebnis: Sollten die Mittel des M zur Deckung des vollen Unterhaltsbedarfs aller Berechtigten nicht ausreichen, so können zunächst die Kinder T und S Unterhalt fordern. Die verbleibenden Mittel werden auf F und J gleichmäßig verteilt.

Abwandlung

I. Unterhaltsanspruch der T gegen M

An dem Unterhaltsanspruch der T gegen M gem. §§ 1601 ff. ändert sich nichts, da dieser gem. **§ 1615 a** auch bei nichtehelichen Kindern greift.

II. Unterhaltsanspruch der F gegen M

Ein Anspruch der F gem. § 1570 kommt nicht in Betracht, da dieser nur bei einer Scheidung gegeben ist.

Jedoch könnte ein Unterhaltsanspruch gem. **§ 1615 I Abs. 2** vorliegen. War ein solcher Unterhaltsanspruch bei nichtehelichen Müttern früher nur für die Dauer von 6 Wochen vor und 8 Wochen nach der Geburt gegeben, so stellt die seit dem 01.01.2008 geltende Neufassung des § 1615 I Abs. 2 die Betreuungsansprüche geschiedener und nicht verheirateter Eltern gleich.

Aufgrund der Rechtsprechung des BVerfG[51] war der Gesetzgeber gezwungen, § 1570 und § 1615 I einander anzupassen und die Dauer des Anspruchs wegen der Betreuung eines nichtehelichen Kindes nach denselben Grundsätzen wie beim ehelichen Kind auszugestalten.

---

[51] BVerfG FamRZ 2007, 965. Durch die verfassungsrechtlich notwendige Gleichstellung ehelicher und nichtehelicher Kinder dürfen auch die betreuenden Elternteile nicht unterschiedlich behandelt werden.

Gem. **§ 1615 I Abs. 2 S.** 3 beginnt die Unterhaltspflicht frühestens vier Monate vor der Geburt und besteht für **mindestens 3 Jahre** nach der Geburt. Sie **verlängert** sich jedoch gem. **§ 1615 I Abs. 2 S. 4**, solange und soweit dies der **Billigkeit** entspricht. Dabei sind die Belange des Kindes und die bestehenden Möglichkeiten der Kinderbetreuung zu berücksichtigen.

Damit hat F - ebenso wie bei einer Scheidung nach § 1570 - einen Anspruch auf Unterhalt gem. § 1615 I Abs. 2. Vorliegend muss sich F daher die Möglichkeit einer Teilerwerbstätigkeit entgegenhalten lassen.

III. Reihenfolge der Unterhaltsberechtigten gem. § 1609

1. Die Kinder T und S sind erstrangige Unterhaltsberechtigte gem. § 1609 Nr. 1. Eine Differenzierung zwischen ehelichen und nichtehelichen Kindern wird nicht vorgenommen.

2. Sowohl F als auch J sind wegen der Betreuung von Kindern im 2. Rang eingestellt, § 1609 Nr. 2. Die Neuregelung unterscheidet nicht mehr danach, ob der unterhaltsbedürftige Elternteil verheiratet ist oder nicht[52].

3. Ergebnis: Es ergeben sich keine Unterschiede zum Ausgangsfall. Eventuell kann in der Praxis bei der Verteilung der für den Unterhalt verfügbaren Mittel auf der sog. Billigkeits- und Angemessenheitsstufe auf das Verhältnis von Erst- und Zweitfamilie geachtet werden.

---

[52] Hierbei wird jedoch vorgebracht, dass die Neuregelung den Schutz von Ehe und Familie gem. Art. 6 GG verletze, vgl. Klein, S. 173. Evtl. kann auf der sog. Billigkeitsstufe bei der Verteilung von Unterhalt auf das Verhältnis von Erst- und Zweitfamilie geachtet werden.

Fall 11: Der unvorsichtige Bankkaufmann

▶ **Standort:** Familienrecht, Vermögensausgleich in der nicht-ehelichen Lebensgemeinschaft

Der Bankkaufmann Martin (M) Flink und die Apothekerin Franziska (F) Dreher leben seit fünf Jahren als Paar in einer gemeinsamen Wohnung. Da F bei einer erneuten Heirat ihren Unterhaltsanspruch gegen ihren Ex-Mann verlieren würde, möchten M und F nicht heiraten.

Im April 2020 möchte F sich einen neuen Computer im Wert von 800 € anschaffen. Da sie nur 400 € sofort aufbringen kann, beteiligt sich M i.H.v. 400 € mit dem Hintergedanken, den Computer auch hin und wieder zu nutzen. F geht ins Geschäft und kauft den Computer in eigenem Namen.

Im Oktober 2020 trennen sich M und F voneinander. M zieht aus der gemeinsamen Wohnung aus. Er verlangt von F den Verkauf des Computers und Aufteilung des Kaufpreises, da er durch seinen Zuschuss i.H.v. 400 € Miteigentümer geworden sei. Hilfsweise verlangt er die Rückzahlung der 400 € von F.

Kann er gegen F Ansprüche geltend machen?

A. Ansprüche M gegen F auf Aufhebung der Bruchteilsgemeinschaft gem. §§ 1008, 749 I, 753 I
I. Vor.: M = Miteigentümer
1. Gem. § 929 S.1 (-)
2. Geschäft für den, den es angeht (-)
3. § 1357 analog (-)
II. Ergebnis: M nicht Miteigentümer geworden.

B. Ansprüche M gegen F auf Zahlung von 400 €
I. § 1378 I analog (-)
II. Partnerschaftsvertrag § 311 I (-)
III. Darlehensvertrag § 488 (-)

IV. Widerruf einer Schenkung §§ 516, 530, 531, 812
- nach h.M. keine Schenkung, sondern sog. unbenannte Zuwendung
V. Auseinandersetzungsanspruch aus einer GbR §§ 733 II 1, 726, 705
- wohl keine Vereinbarung eines gemeinsamen Zwecks (str.)
VI. Anspruch aus GoA §§ 677, 683, 670 (-)
VII. § 812 I 1, 1. Alt. (-)
VIII. § 812 I 2, 2. Alt. wegen Zweckverfehlung (-)
- Aufrechterhaltung der nichtehelichen Lebensgemeinschaft hier keine Zweckvereinbarung
IX. Wegfall der Geschäftsgrundlage § 313 (-)
- nach h.M. nicht anwendbar
Ergebnis: M hat keinen Anspruch gegen F.

A. Ansprüche des M gegen F auf Aufhebung der Bruchteilsgemeinschaft gem. §§ 1008, 749 I, 753 I

I. M kann den Verkauf des Computers und anschließende Aufteilung des Kaufpreises von F als Aufhebung einer Bruchteilsgemeinschaft verlangen, wenn er gem. **§§ 1008, 749 I, 753 Miteigentümer** des Computers geworden ist.

1. M könnte gem. **§ 929 S. 1** durch Einigung und Übergabe Miteigentum an dem Computer erworben haben. Er selbst hat sich jedoch nicht mit dem Verkäufer über den Eigentumsübergang geeinigt. Auch hat F nicht in seinem Namen und damit nicht als seine Vertreterin gem. § 164 gehandelt. Somit hat M kein Eigentum gem. § 929 S.1 erworben.

2. M könnte ferner nach der Lehre vom „**Geschäft für den, den es angeht**" Eigentum erworben haben. Diese Lehre greift bei *Bargeschäften des täglichen Lebens* ein, da hier dem Veräußerer im Regelfall die Person des Erwerbers gleichgültig ist. Wer erwerben soll, bestimmt sich somit allein nach der Willensrichtung des Handelnden (hier: F). Bei einer nichtehelichen Lebensgemeinschaft wird man *im Zweifel* annehmen können, dass gemeinsam finanzierte Haushaltsgegenstände zu Miteigentum erworben werden sollen[53].

Vorliegend wollte F den Computer jedoch ausdrücklich für sich erwerben; M hat sich nur wegen dem finanziellen Engpass von F an dem Kauf beteiligt. Daher wollte F dem M kein Miteigentum

---

[53] Vgl. Schwab, Familienrecht, Rn.848.

verschaffen, so dass M ausnahmsweise auch nach der Lehre vom „Geschäft für den, den es angeht" kein Eigentum erworben hat.

3. M hat auch kein Eigentum gem. § 1357 erworben, da diese Vorschrift auf die nichteheliche Lebensgemeinschaft nicht analog anwendbar ist. Eine analoge Anwendung der eherechtlichen Normen verbietet sich schon im Hinblick auf die Privatautonomie der Partner, die durch ihre gewählte Lebensform gerade nicht die für die Ehe geltenden Rechtsfolgen angewendet wollen wissen.

II. Ergebnis: M hat kein Eigentum an dem Computer erworben und kann daher nicht den Verkauf gem. §§ 1008, 749 I, 753 I verlangen.

B. Ansprüche M gegen F auf Zahlung von 400 €

I. M hat gegen F keinen Anspruch auf Zugewinnausgleich gem. § 1378 I, da diese Vorschriften auf die nichteheliche Lebensgemeinschaft nicht analog anwendbar sind (s.o.).

II. M könnte gegen F einen Anspruch auf Zahlung von 400 € aus einem **Partnerschaftsvertrag** gem. § 311 I haben. Die Lebenspartner können für den Fall der Beendigung ihrer Partnerschaft eine vertragliche Regelung über die finanzielle Abwicklung treffen. Eine solche Regelung haben M und F vorliegend jedoch nicht getroffen.

III. M könnte ferner einen Anspruch aus **Darlehensvertrag** gem. § 488 I haben. Ausdrücklich haben M und F keinen Darlehensvertrag geschlossen. Fraglich ist somit, ob sie einen solchen Vertrag *konkludent* vereinbart haben. Die Rechtsprechung steht der Anerkennung von konkludent geschlossenen Verträgen zurückhaltend gegenüber. In einer nichtehelichen Lebensgemeinschaft sei davon auszugehen, dass „persönliche und wirtschaftliche Leistungen der Partner nicht miteinander abgerechnet, sondern ersatzlos von demjenigen Partner erbracht werden sollen, der dazu in der Lage ist"[54]. Damit haben M und F mangels einer Kreditabrede keinen Darlehensvertrag gem. § 488 I geschlossen.

---

[54] BGH FamRZ 1981, 530; vgl. Schwab, Familienrecht, Rn.841.

IV. M könnte einen Anspruch wegen **Widerrufs einer Schenkung** aus groben Undank gem. **§§ 516, 530, 531, 812** haben. Dazu müssten M und F einen Schenkungsvertrag geschlossen haben, der mangels ausdrücklicher Abrede wiederum nur als konkludent geschlossener Vertrag in Betracht kommt.

Nach h.M. ist jedoch keine Unentgeltlichkeit der Zuwendung gegeben, *wenn die Zuwendung der Ausgestaltung des gemeinsamen Lebens dient* (sog. **unbenannte Zuwendung**). Nur, wenn die Zuwendung ausschließlich einem Partner zugute kommt (z.B. der Mann schenkt der Frau einen Brillantring), liegt eine Schenkung vor[55]. Vorliegend haben sowohl M, also auch F den Computer benutzt, so dass er der gemeinsamen Lebensführung zugute kam. Damit liegt keine Schenkung, sondern eine sog. unbenannte Zuwendung vor. Ein Anspruch gem. §§ 516, 530, 531, 812 ist damit ausgeschlossen.

V. Weiterhin könnte ein **Auseinandersetzungsanspruch** aus einer **Gesellschaft bürgerlichen Rechts** gem. **§§ 733 II 1, 726, 705** gegeben sein.

Gem. § 705 müssten M und F dazu die Erreichung eines **gemeinsamen Zwecks** vereinbart haben. Ein solcher Zweck kann mangels ausdrücklicher Absprachen nur einem konkludent geäußerten Willen der Parteien entnommen werden. Allein die persönliche Seite des Zusammenlebens in einer nichtehelichen Lebensgemeinschaft begründet noch keinen Zweck i.S.d. § 705.

Jedoch wird von einer verbreiteten Literaturmeinung die wirtschaftliche Seite des Zusammenlebens, das gemeinsame Haushalten und Wirtschaften als Gesellschaftszweck i.S.d. § 705 begriffen[56]. Hiernach hat M einen Anspruch auf Auseinandersetzung.

Nach Ansicht der Rechtsprechung[57] wird hingegen allein durch das nichteheliche Zusammenleben keine GbR begründet, da der wirtschaftliche Bereich nicht vom persönlichen getrennt werden könne. Die eheähnliche Gemeinschaft werde von dem Grundsatz

---

[55] Vgl. Schwab, Rn.858.
[56] Vgl. Schwab, Rn.859.
[57] BGHZ 77,55 f.; FamRZ 1981, 530.

beherrscht, dass die von den Partnern zur Verwirklichung ihrer Gemeinschaft erbrachten Leistungen nicht gegeneinander aufgerechnet, sondern ersatzlos von dem erbracht würden, der gerade dazu in der Lage sei. Die gesellschaftsrechtlichen Auseinandersetzungsansprüche kommen nach dieser Auffassung nur dann zum Tragen, wenn die Partner über die Lebensgemeinschaft hinaus Objekte gemeinsamer **Wertschöpfung** bilden und dabei von der Vorstellung ausgehen, dass dieses Objekt nicht nur während des Zusammenlebens von beiden genutzt wird, sondern dass sein Wert beiden zugute kommen soll (z.B. Grundeigentum, Aufbau eines Betriebes, Kauf von wertvollen Kunstgegenständen).

Bei dem Computer als gemeinsam benutzter Haushaltsgegenstand **überwiegt der Zweck des Zusammenlebens** eindeutig den Zweck der Wertschöpfung. Damit liegt nach Ansicht der Rechtsprechung kein gesellschaftsrechtlicher Anspruch vor.

Der Ansicht der Rechtsprechung wird vorliegend gefolgt, da davon ausgegangen werden kann, dass die Partner im Regelfall gerade keine Verrechtlichung ihres Zusammenlebens wünschen. Vielmehr werden die §§ 730 ff. nur zur Durchführung der Auseinandersetzung herangezogen.

M hat daher keinen Anspruch gegen F gem. §§ 733 II 1, 726, 705.

VI. M könnte einen Anspruch aus **Geschäftsführung ohne Auftrag gem. §§ 677, 683, 670** haben. Dazu müsste gem. § 677 in der Zahlung der 400 € an F ein **fremdes Geschäft** für den M vorliegen. Nach der Rechtsprechung ist dies grundsätzlich nicht gegeben, da bei einer nichtehelichen Lebensgemeinschaft die persönlichen Beziehungen im Vordergrund stehen[58]. M hat die 400 € im Interesse der Lebensgemeinschaft erbracht, so dass ein fremdes Geschäft für ihn nicht gegeben ist. Ein Anspruch gem. §§ 677, 683, 670 scheidet daher aus.

---

[58] Bei Kreditaufnahmen im Interesse des anderen Lebenspartners ist hingegen nach der Rechtsprechung zu differenzieren: Für Kreditraten, die während des Zusammenlebens gezahlt werden, gibt es keinen Ausgleich; Zahlungen nach Auflösung der Lebensgemeinschaft sind hingegen gem. § 670 zu ersetzen; vgl. BGHZ 77,55; BGH NJW 1981, 1502.

VII. M könnte einen Anspruch auf Zahlung der 400 € gem. **§ 812 I 1, 1. Alt.** haben.

1. F hat Eigentum und Besitz an den 400 € und damit **etwas erlangt**.

2. Dies geschah auch durch bewusste und zweckgerichtete Mehrung des Vermögens der F und damit durch eine **Leistung** des M.

3. Jedoch müsste die Leistung auch **ohne Rechtsgrund** erfolgt sein. Eine Leistung ist ohne Rechtsgrund i.S.d. § 812 I 1, 1. Alt. erfolgt, wenn zur Erfüllung einer Verbindlichkeit geleistet worden ist, die Verbindlichkeit aber nicht besteht oder nicht erfüllt wird. Eine Verbindlichkeit des M gegenüber F hat vorliegend aber nicht bestanden, so dass keine Leistung auf eine vermeintliche Verbindlichkeit vorliegt. Da M Kenntnis von seiner Nichtschuld hatte, ist ferner der Anspruch auch gem. § 814 ausgeschlossen.

Somit ist ein Anspruch gem. § 812 I 1, 1. Alt. nicht gegeben.

VIII. Fraglich ist jedoch, ob ein Rückforderungsanspruch wegen **Zweckverfehlung** gem. **§ 812 I 2, 2. Alt.** vorliegt. Dazu müssten M und F eine *Zweckvereinbarung* geschlossen haben, die über den primären Erfüllungszweck hinausgeht. Die Beteiligten müssen dabei eine tatsächliche Willensübereinstimmung erzielt haben; einseitige Erwartungen genügen nicht. Der Hintergedanke des M, den Computer hin und wieder nutzen zu können, stellt daher als einseitige Erwartung keinen hinreichenden Zweck i.S.d. § 812 I 2, 2. Alt. dar.

Als Zweckvereinbarung kann auch die *Aufrechterhaltung der nichtehelichen Lebensgemeinschaft* in Betracht kommen. Dazu müsste M an die F geleistet haben, um den Fortbestand der nichtehelichen Lebensgemeinschaft zu sichern und die Zahlung hiervon abhängig gemacht haben. Dies ist laut Sachverhalt nicht der Fall, da die Trennung von M und F zu diesem Zeitpunkt noch nicht im Raume stand.

Somit scheidet ein Anspruch aus § 812 I 2, 2. Alt. aus.

IX. Schließlich verbleibt noch ein Anspruch wegen **Wegfalls der Geschäftsgrundlage** gem. **§ 313.** Nach überwiegender Auffassung[59] steht dem leistenden Partner jedoch bei Fehlen einer besonderen Vereinbarung regelmäßig kein Ausgleichsanspruch zu, da diesbezüglich keine Gleichstellung zwischen der nichtehelichen und der ehelichen Lebensgemeinschaft erfolgen soll. M kann daher auch keinen Anspruch gem. § 313 geltend machen.

Ergebnis: M steht gegen F kein Anspruch auf Rückzahlung der 400 € zu[60].

Hinweis: Nach **der Rechtsprechung des BGH** (BGH 09.07.2008, XII ZR 179/05) müssen nach einer Trennung aber die Leistungen ausgeglichen werden, die *über den Aufwand für das tägliche Zusammenleben hinausgehen*, z.B. Geld und Arbeitsleistungen für einen Hausbau. Der BGH hat insoweit seine frühere Auffassung aufgegeben. Seitdem kommen daher Ausgleichsansprüche des Klägers aus ungerechtfertigter Bereicherung (§ 812 I S. 2, 2. Alt.) oder nach den Grundsätzen des Wegfalls der Geschäftsgrundlage in Betracht!

---

[59] BGH NJW 1981, 1502; a.A. OLG Karlsruhe NJW 1994, 948.
[60] Umgekehrt könnte auch kein Partner Aufwendungen für die Führung des Haushalts ersetzt verlangen; die einzelnen Beiträge werden nicht exakt bewertet und gegeneinander in Rechnung gestellt.

Fall 12: Tückische Erbfolge

▸ **Standort:** Erbrecht, gesetzliche Erbfolge

Emil Erpel (E) stirbt im Jahr 2021. Er hinterlässt seine Ehefrau Friederike (F), die gemeinsamen Söhne Klaus (K1) und Karl (K2) und die Enkeltochter Sandra (EK1), Kind von K2. Die Tochter Maria (M) aus einer früheren Ehe des E war bereits vorverstorben; sie hatte die Enkelkinder Annika (EK2) und Thomas (EK3) hinterlassen.

Da die Hinterbliebenen des E trotz intensiver Suche kein Testament auffinden können, fragen sie nach ihrem gesetzlichen Erbanspruch.

Abwandlung: E und F hatten Gütertrennung vereinbart.

Ausgangsfall
I. Erbrecht der F
    1. Gesetzliches Erbrecht gem. § 1931 I 1
    2. Erhöhung gem. § 1371 I
II. Erbrecht der Kinder
    1. Ausschluss des EK 1 gem. § 1924 II (Repräsentationsprinzip)
    2. Eintritt von EK 2 und EK 3 in das Erbrecht der M gem. § 1924 III
       (Eintritts- bzw. Stammesprinzip)

Abwandlung
I. Erbrecht der F
    1. Bei Gütertrennung gem. § 1931 IV
       Vor.: nicht mehr als zwei Kinder
           Eintritt von EK 2 und EK 3 an die Stelle der M gem. § 1931 IV
           i.V.m. § 1924 III
    2. Gesetzliches Erbrecht gem. § 1931 I
       Keine Erhöhung gem. § 1371 I, da keine Zugewinngemeinschaft
II. Erbrecht der Kinder

I. Erbrecht der F

1. Gem. § 1931 I 1 ist der überlebende Ehegatte neben Verwandten der ersten Ordnung zu einem Viertel zur Erbschaft berufen. Verwandte der ersten Ordnung sind gem. § 1924 I Abkömmlinge des Erblassers. Da F neben den Kindern des E und damit neben Verwandten der ersten Ordnung Erbin ist, erbt sie also gem. § 1931 I ein Viertel der Erbschaft.

2. Gem. § 1931 III bleibt die Regelung des § 1371 über den Zugewinnausgleich, unberührt, d. h. anwendbar. Voraussetzung ist allerdings, dass die Eheleute im Güterstand der **Zugewinngemeinschaft** gelebt haben. Da M und F nichts anderes vereinbart hatten, lebten sie im gesetzlichen Güterstand der Zugewinngemeinschaft. Gem. § 1371 I erhöht sich damit der gesetzliche Erbteil der F um ein weiteres Viertel. Diese Vorschrift soll eine Erleichterung für den Zugewinnausgleich im Todesfall darstellen, da dieser nicht konkret berechnet werden muss. Die F erhält also insgesamt ½ der Erbschaft.

II. Erbrecht der Kinder

Damit verbleibt noch die Aufteilung der weiteren Hälfte der Erbschaft. Gem. § 1924 I sind die Abkömmlinge, also z.B. Kinder oder Enkelkinder des E gesetzliche Erben erster Ordnung. In Betracht kommen hier K1, K2, EK1, EK2 und EK3. Die Tochter M war bereits verstorben und ist damit nicht mehr **rechtsfähig**. Kinder erben gem. § 1924 IV zu gleichen Teilen.

1. EK 1 ist als Enkeltochter des E grundsätzlich auch Erbe erster Ordnung gem. § 1924 I. Da ihr Vater K2 jedoch noch lebt, ist sie gem. **§ 1924 II** von der Erbfolge ausgeschlossen (sog. **Repräsentationsprinzip**).

2. Fraglich ist, was mit dem Erbteil der bereits verstorbenen M geschieht. An ihre Stelle treten gem. **§ 1924 III** ihre eigenen Kinder EK2 und EK3 (sog. **Eintrittsprinzip**). Sie erben nach **Stämmen**[61], d.h. sie erben das, was M erhalten hätte, wenn sie zur Zeit des Erbfalls noch gelebt hätte.

---

[61] Eine Alternative wäre das Erbrecht nach Köpfen gewesen.

Damit erben K1 und K2 je 1/6 (1/3 von ½) und EK2 und EK3 je 1/12[62].

Abwandlung

I. Erbrecht der F

1. Gem. **§ 1931 IV** gibt es für den Fall der Gütertrennung eine Sonderregelung für das Erbrecht der Ehegatten, nach der Ehegatte und Kinder zu gleichen Teilen erben. Sinn der Regelung ist es, die Stellung des überlebenden Ehegatten zu verbessern, da er bei Gütertrennung keinen Anspruch auf den Zugewinnausgleich gem. § 1371 I hat. Voraussetzung ist allerdings, dass der Erblasser neben seinem Ehegatten nicht mehr als **ein oder zwei Kinder** hinterlässt.

Zu berücksichtigen sind zunächst die Kinder K1, K2. Ferner treten an die Stelle der M gem. § 1931 IV i.V.m. § 1924 III ihre eigenen Kinder EK2 und EK3. Damit erbt F neben mehr als zwei Kindern, so dass die Vorschrift des § 1931 IV nicht greift.

2. Es verbleibt damit beim Erbrecht der F gem. § 1931 I, die danach ¼ der Erbschaft erhält. Eine Erhöhung des Erbteils gem. § 1371 I findet mangels Zugewinngemeinschaft nicht statt.

II. Erbrecht der Kinder

Die Kinder teilen die restlichen ¾ der Erbschaft wie zuvor unter sich auf.

Damit erben K1 und K2 je ¼ (1/3 von ¾) und EK2 und EK3 je 1/8.

---

[62] Zusätzlich haben EK2 und EK3 noch einen Anspruch gegen F auf Zahlung von Mitteln zu einer angemessenen Ausbildung gem. § 1371 IV.

Fall 13: Die rücksichtslosen Großeltern

▸ **Standort:** Erbrecht, gesetzliche Erbfolge, Auseinandersetzung in der Miterbengemeinschaft

Eduard Emmerich (E) stirbt im Jahr 2021 bei einem Verkehrsunfall, ohne ein Testament zu hinterlassen. Seine Frau Frieda (F), mit der er im Güterstand der Gütertrennung gelebt hatte, war zu diesem Zeitpunkt im 7. Monat schwanger. Vor lauter Aufregung über den plötzlichen Tod des E erleidet sie eine Totgeburt.

Die Eltern des E waren bereits vorverstorben. Dafür leben aber noch beide Großeltern (GM1 und GM2) väterlicherseits. Mütterlicherseits waren beide Großeltern bereits verstorben. Aus ihrer Ehe war neben der Mutter des E noch sein Onkel Otto (O) hervorgegangen.

Zum Nachlass des E gehört in erster Linie der hälftige Miteigentumsanteil am gemeinsamen Wohngrundstück der Eheleute. GM1, GM2 und O verlangen die Auszahlung ihres Erbteils, andernfalls die Zwangsversteigerung des Grundstücks. F, die noch die Hypothek am Grundstück zurückbezahlen muss und daher kein Geld für eine Auszahlung hat, ist entsetzt. Sie ist der Auffassung, dass E eine Zwangsversteigerung nicht gewollt haben würde.

Wie ist die Rechtslage?

Abwandlung: Wie ist die Rechtslage, wenn das Kind der F nach der Geburt ein paar Minuten gelebt hat?

I. Erbenstellung der Beteiligten
1. Erbrecht des nasciturus
2. Erbrecht der F
   a) Ausschluss des Erbrechts des O gem. § 1931 I 2
   b) Erhöhung des Erbrechts der F auf ¾
3. Erbrecht von GM1, GM2: je 1/8

II. Auseinandersetzung der Erbengemeinschaft
1. Kein Ausschluss der Auseinandersetzung gem. § 2044
2. Verfahren bei der Auseinandersetzung
   a) Auseinandersetzungsvertrag
   b) Keine Teilung in Natur gem. § 2044 II i.V.m. § 752 möglich
   c) Teilung durch Verkauf gem. § 753

Abwandlung
I. Erbenstellung der Beteiligten
1. Erbfolge bei Geburt des nasciturus
2. Erbfolge nach dem Tod des nasciturus
II. Ergebnis:
   F steht die volle Erbschaft zu, GM1 und GM2 können keine
   Zwangsversteigerung verlangen.

<u>Bevor die Beteiligten GM1, GM2 und O eine Auseinandersetzung der Erbengemeinschaft fordern können, müssen zunächst ihr Erbrecht und ihre Erbquote festgestellt werden.</u>

I. Erbenstellung der Beteiligten

1. In Betracht kommt gem. **§ 1923 II** zunächst das Erbrecht des noch ungeborenen Kindes der F (**nasciturus**). Die Fiktion des § 1923 II bedeutet eine **Vorverlagerung der Rechtsfähigkeit**, da der bereits gezeugte, aber noch nicht geborene Mensch als vor dem Erbfall geboren gilt. Allerdings setzt § 1923 II voraus, dass das Kind einmal die Rechtsfähigkeit erlangt, also **lebendig** geboren wird[63]. Bei einer Totgeburt hingegen bleibt das Kind als Erbe außer Betracht. Somit ist das ungeborene Kind der F nicht Erbe geworden, da es tot zur Welt gekommen ist.

2. Da die Eltern des E bereits verstorben sind, kommen neben seiner Ehefrau F gem. § 1926 die zur 3. Ordnung gehörenden Personen als Erben in Betracht, also die Großeltern des Erblassers und deren Abkömmlinge.

---

[63] Vgl. Brox, Erbrecht § 1, Rn. 9.

a) F ist gem. **§ 1931 I 1** neben den Großeltern **zur Hälfte** der Erbschaft als gesetzlicher Erbe berufen. Eine Erhöhung ihres Erbteils gem. § 1371 I findet mangels einer Zugewinngemeinschaft nicht statt.

b) Die andere Hälfte des Erbteils ist an sich zu gleichen Teilen gem. § 1926 II zwischen den Großeltern aufzuteilen. An die Stelle von verstorbenen Großeltern treten dabei an sich gem. § 1926 III deren Abkömmlinge (Eintrittsprinzip), so dass GM1 und GM2 je 1/8 und O ¼ erben würden.

Erbt daneben allerdings noch ein Ehegatte, so gibt es für diese Konstellation die Sonderregel des **§ 1931 I 2**. Treffen hiernach mit Großeltern Abkömmlinge von Großeltern zusammen, so erhält der Ehegatte auch von der anderen Hälfte den Anteil, der nach § 1926 den Abkömmlingen zufallen würde. Damit ist **O** als gesetzlicher Erbe neben F **ausgeschlossen**. F erhält auch seinen Anteil und bekommt somit insgesamt ¾ der Erbschaft.

3. GM1 und GM2 sind folglich gem. § 1926 I, II zu je 1/8 als gesetzliche Erben berufen.

II. Auseinandersetzung der Erbengemeinschaft

F, GM1 und GM2 bilden eine Erbengemeinschaft. Diese ist auf Auflösung gerichtet.

1. Jeder Miterbe kann grundsätzlich jederzeit die Auseinandersetzung der Miterbengemeinschaft gem. **§ 2042** verlangen. Dies gilt sogar, wenn der Zeitpunkt für die Auseinandersetzung ungünstig ist und der die Liquidation Begehrende für sein Verlangen keinen wichtigen Grund hat (anders z.B. § 723 II)[64]. Eine Ausnahme hiervon gilt gem. **§ 2044** dann, wenn der Erblasser die Auseinandersetzung durch letztwillige Verfügung ausgeschlossen hat. E hat vorliegend jedoch kein Testament hinterlassen; ob er eine Auseinandersetzung zu Lebzeiten nicht gewollt haben würde, ist damit unbeachtlich.

---

[64] Brox, Erbrecht § 31 Rn.513.

2. Das Gesetz sieht für das Verfahren der Auseinandersetzung verschiedene Möglichkeiten vor. Zunächst sind die Nachlassverbindlichkeiten (hier z.B. eine etwaige Hypothek des E) zu begleichen, was danach übrig bleibt, ist gem. § 2047 unter den Erben nach dem Verhältnis ihrer Erbteile zu verteilen.

a) Die Erben können die Auseinandersetzung durch **Vertrag** ganz nach ihren Wünschen regeln. Verlangen GM1 und GM2 vorliegend eine Auszahlung, so ist hierin ein Angebot auf Abschluss eines Auseinandersetzungsvertrags zu sehen. F ist hierauf allerdings nicht eingegangen, so dass kein Vertrag geschlossen wurde.

b) Damit verbleibt es bei den gesetzlichen Auseinandersetzungsregeln. Die **Teilung in Natur** gem. **§ 2042 II i.V.m. § 752** hat den **Vorrang.** Die Naturalteilung ist gem. § 752 S. 1 nur dann vorzunehmen, wenn sie nicht zu einer Wertminderung führt. Das Hausgrundstück lässt sich nur schwierig in gleichartige, den Erbteilen entsprechende Anteile zerlegen. Damit scheidet eine Naturalteilung aus.

c) Gem. **§ 2042 II i.V.m. § 753** erfolgt in diesem Fall die Aufhebung der Gemeinschaft durch **Verkauf** des gemeinschaftlichen Gegenstandes und zwar bei Grundstücken durch **Zwangsversteigerung.**

<u>Ergebnis</u>: Damit können GM1 und GM2 die Zwangsversteigerung des Grundstückes verlangen. Von dem Verkaufserlös stehen ihnen je 1/8 und F ¾ zu.

Abwandlung

I. Erbenstellung der Beteiligten

1. Wenn das Kind der F lebendig zur Welt gekommen ist, so ist es gem. § 1923 II i.V.m. § 1924 I gesetzlicher Erbe 1. Ordnung geworden. *Dies gilt selbst dann, wenn das Kind nur ein paar Minuten gelebt hat!*

F ist damit gem. § 1931 IV zunächst zu 1/2 neben dem Kind K Erbe geworden. K erbt ebenfalls ½.

2. Wenn das Kind dann stirbt, so wird es seinerseits von seinen gesetzlichen Erben beerbt. Dies ist hier die Mutter F als gesetzliche Erbin 2. Ordnung gem. § 1925 I.

Damit ist das Vermögen des E letztlich ganz an F gefallen.

II. Ergebnis

GM1 und GM2 steht kein Erbrecht zu. Sie können mithin auch keine Auseinandersetzung und keine Zwangsversteigerung des Wohngrundstücks verlangen.

Fall 14: Das verflixte Testament

▶ **Standort:** Erbrecht, Pflichtteilsrecht

> Eduard Simpel (E) stirbt im Jahr 2021. Sein Nachlass hat einen Wert von 500.000 €. Als Alleinerben hatte er in einem formgültigen Testament seinen besten Freund Joachim (J) eingesetzt, da er meinte, seinen finanziellen Verpflichtungen gegenüber seiner Familie schon mehr als notwendig nachgekommen zu sein.
>
> Bei seinem Tod hinterlässt E seine Frau Franziska (F), mit der er im Güterstand der Zugewinngemeinschaft gelebt hatte; ferner die gemeinsamen Kinder Klara (K1), Klaus (K2) und Karsten (K3). Auch E's Mutter Maria (M) und sein Bruder Bastian (B) leben noch.
>
> Welche Ansprüche können die Beteiligten gegen J geltend machen?
>
> Anmerkung: F hat während der Ehe einen Zugewinn von 100.000 € erzielt.

Geltendmachung von Pflichtteilsansprüchen und Zugewinnausgleich
1. Pflichtteilsberechtigte §§ 2303, 2309
2. Ansprüche der F gem. § 1371 II
    a) Berechnung der Zugewinnausgleichsforderung
       (1) Zugewinn des E
       (2) Zugewinn der F
       (3) Höhe der Ausgleichsforderung
    b) kleiner Pflichtteil = 1/8 von 300.000 € gem. §§ 2303, 1931
3. Ansprüche der Kinder
    je 1/8 von 300.000 € (= 37.500 €) gem. §§ 2303, 1924

E hat durch die Erbeinsetzung des J in einem formgültigen Testament seine gesetzlichen Erben wirksam von der Erbfolge ausgeschlossen. In Betracht kommt daher nur noch die Geltendmachung von **Pflichtteilsansprüchen** durch die Beteiligten bzw. in Bezug auf F noch zusätzlich die Geltendmachung eines Anspruchs auf **Zugewinnausgleich**.

1. Die **Pflichtteilsberechtigung** wird in § 2303 geregelt. Danach sind grundsätzlich die **Abkömmlinge** des Erblassers, die **Eltern** und der **Ehegatte** pflichtteilsberechtigt. Der Bruder B scheidet demnach als Berechtigter aus.

Ferner sind gem. § 2309 die Eltern insoweit als Pflichtteilsberechtigte ausgeschlossen, als sie im Falle der gesetzlichen Erbfolge durch einen Abkömmling ausgeschlossen wären. Dies ist hier in Bezug auf M der Fall, da sie gem. §§ 1924, 1930 durch die Kinder K1, K2 und K3 von der gesetzlichen Erbfolge ausgeschlossen wäre.

Als Pflichtteilsberechtigte verbleiben somit nur noch F und die Kinder K1, K2 und K3.

2. Da F nicht Erbe geworden ist, kann sie gem. § 1371 II den **konkreten Zugewinnausgleich** und den sog. **kleinen Pflichtteil** geltend machen.

a) Die Zugewinnausgleichsforderung berechnet sich dabei wie folgt:

(1) Bei E wird gem. **§ 1377 III vermutet**, dass sein Endvermögen seinen Zugewinn darstellt. Damit hat E einen Zugewinn i.H.v. 500.000 € erzielt.

(2) F hat einen Zugewinn i.H.v. 100.000 € erzielt.

(3) Der Zugewinn des E übersteigt den Zugewinn der F um 400.000 €. Die **Hälfte** davon, also 200.000 € stehen der F gem. **§ 1378 I** als Ausgleichsforderung zu.

Diese **Forderung mindert** die verbleibende Erbmasse auf insgesamt 300.000 €.

b) Ferner kann F gem. § 1371 II noch den Pflichtteil geltend machen, der sich nach dem nicht erhöhten gesetzlichen Erbteil des Ehegatten (also nach § 1931) bestimmt (sog. kleiner Pflichtteil). Gem. § 1931 I 1 stünde F ¼ der Erbschaft zu; der Pflichtteil hiervon beträgt die Hälfte gem. § 2303 I 2, also 1/8. Der Pflichtteil der F beträgt damit 37.500 € (1/8 von der **geminderten** Erbmasse von 300.000 €).

Insgesamt stehen F damit 237.500 € zu.

3. Die Abkömmlinge K1, K2 und K3 können ebenfalls einen Pflichtteil in Höhe der Hälfte des gesetzlichen Erbteils geltend machen. Da gem. §§ 1931, 1924 ihr verbleibender gesetzlicher Erbteil ¾ betragen hätte, wäre gem. § 1924 IV jedem von ihnen ¼ zugekommen. Ihr Pflichtteil davon beträgt mithin 1/8. Damit hat jedes Kind einen Pflichtteilsanspruch i.H.v. 37.500 €.

Fall 15: Die lustige Witwe

▸ **Standort:** Erbrecht, Zugewinnausgleich im Todesfall

Emil Erpel (E) hat sich in den langen Jahren seiner Ehe mit seiner Frau Franziska (F) auseinandergelebt. Als er schwer erkrankt, setzt er folgendes Testament auf: „Meine Frau F setze ich zu 1/10 als Erbin ein. Den Rest soll mein Sohn Alfred (A) erhalten, den ich hiermit zu 9/10 als Erben einsetze". Als E ein Jahr später stirbt, hat der Nachlass einen Wert von 1.000.000 €.

Wie kann die F am günstigsten vorgehen, wenn sie selbst während der Ehe keinen Zugewinn erzielt hat?

I. Erbrechtliche Lösung
1. Testamentarischer Erbteil
2. Pflichtteilsrestanspruch § 2305
   a) Pflichtteilsberechtigte
   b) Höhe des Pflichtteils
      -> Berechnung nach dem sog. „großen Pflichtteil" gem. § 1371 I
3. Ergebnis

II. Güterrechtliche Lösung
1. Ausschlagung der Erbschaft durch F
2. Rechtsfolgen: konkrete Berechnung des Zugewinnausgleichs und sog. „kleiner Pflichtteil" gem. § 1371 III
   a) Berechnung des Zugewinnausgleichs gem. § 1378
      (1) Zugewinn der F
      (2) Zugewinn des E: Vermutung gem. §1377 III
   b) Berechnung des sog. kleinen Pflichtteils gem. § 1371 III, II
3. Ergebnis

Ergebnis: Für F ist die güterrechtliche Lösung günstiger. Sie kann damit nach Ausschlagung der Erbschaft die Zahlung von 562.500 € verlangen.

I. Erbrechtliche Lösung

1. F kann zunächst einmal das Ihr testamentarisch Zugedachte, hier 100.000 € (1/10 von 1.000.000 €) annehmen. Sollte dieses Erbe jedoch kleiner sein, als der ihr gesetzlich zustehende Pflichtteil, so kann sie sich dagegen wehren, indem sie einen sog. **Pflichtteilsrestanspruch** gem. **§ 2305** geltend macht. Mit diesem Anspruch kann sie die Vervollständigung ihres Erbes bis zur Höhe des Pflichtteils verlangen.

2. Fraglich ist also, welcher **Pflichtteil** F zusteht.

a) Als Ehegattin gehört sie gem. § 2303 II zum Kreis der Pflichtteilberechtigten.

b) Gem. **§ 2303 I 2** besteht der Pflichtteil in der **Hälfte des** Wertes des **gesetzlichen Erbteils**. Daher ist zunächst der gesetzliche Erbteil zu bestimmen.

(1) Gem. **§ 1931 I 1** erhält der überlebende Ehegatte des Erblassers neben Verwandten der ersten Ordnung ein Viertel der Erbschaft. Der Sohn A, der neben der F Erbe ist, ist gem. **§ 1924** ein Verwandter der ersten Ordnung, so dass F gem. § 1931 I ein Viertel der Erbschaft als gesetzlicher Erbteil zusteht.

(2) Zu prüfen ist ferner, ob sich dieser Erbteil gem. **§ 1371 I** um ein weiteres Viertel abstrakt erhöht (sog. **großer Pflichtteilsanspruch**). Nach lebensnaher Sachverhaltsauslegung ist davon auszugehen, dass E und F im gesetzlichen Güterstand der Zugewinngemeinschaft lebten. Damit ist die Vorschrift des § 1371 I anwendbar[65].

F steht somit insgesamt ½ der Erbschaft als gesetzlicher Erbteil zu. Der Pflichtteil hiervon beträgt ½; mithin bekommt sie ¼ der Erbschaft, also 250.000 €.

3. F steht somit gem. § 2305 ein Pflichtteilsrestanspruch von 150.000 € (250.000 € - 100.000 €) zu. Insgesamt kommen ihr bei der erbrechtlichen Lösung damit 250.000 € zu.

---

[65] Die Frage, ob § 1371 I auch bei der Pflichtteilsberechnung Anwendung findet, ist umstritten. Der BGH hat diese Frage jedoch bejaht (vgl. BGHZ 37,58).

II. Güterrechtliche Lösung

Gem. § 1371 III steht dem überlebenden Ehegatten bei Ausschlagung der Erbschaft ein Anspruch auf den Zugewinnausgleich und den sog. kleinen Pflichtteil zu.

1. Voraussetzung für die güterrechtliche Lösung ist also, dass F die Erbschaft **ausschlägt**.

2. F kann bei Ausschlagung der Erbschaft damit den **Zugewinnausgleich** und den kleinen Pflichtteil verlangen.

a) Anders als bei der erbrechtlichen Lösung erfolgt der Zugewinnausgleich hier nicht abstrakt, sondern wird **konkret** gem. §§ 1372 ff. berechnet.

(1) Die F selbst hat keinen Zugewinn während der Ehe erzielt.

(2) Bei E wird gem. **§ 1377 III** vermutet, dass sein Endvermögen (hier: der Nachlass i.H.v. 1.000.000 €) auch seinen Zugewinn darstellt.

(3) Gem. § 1378 I steht F die Hälfte des Zugewinns des E und somit ein Zugewinnausgleich i.H.v. 500.000 € zu! Diese Forderung **mindert** den verbleibenden **Nachlasswert** des E auf 500.000 €.

b) Weiterhin kann F gem. § 1371 III zusätzlich noch einen **Pflichtteilsanspruch** geltend machen. Der Gesetzgeber wollte dem ausschlagenden Ehegatten - als Ausnahme zu § 2303 II 1 - die Möglichkeit einräumen, dass er in Genuss des Zugewinnausgleichs kommen kann, ohne den Pflichtteilsanspruch zu verlieren. Der Ehegatte kann aber gem. § 1371 III, II nur den sog. **kleinen Pflichtteil** nach dem nicht erhöhten gesetzlichen Ehegattenerbteil (§1931) verlangen. Der Pflichtteil der F beträgt damit 1/8 vom geminderten Nachlasswert i.H.v. 500.000 €, also insgesamt 62.500 €.

3. Der F stehen damit bei Ausschlagung der Erbschaft nach der güterrechtlichen Lösung insgesamt 562.500 € zu.

III. Ergebnis

Für die F ist danach die güterrechtliche Lösung wesentlich günstiger, da ihr hier insgesamt 562.500 € zukommen, während sie nach der erbrechtlichen Lösung nur 250.000 € verlangen kann.

Merke: Die güterrechtliche Lösung ist günstiger, wenn der auszugleichende Zugewinn hoch ist. Die erbrechtliche Lösung ist günstiger, wenn der auszugleichende Zugewinn niedrig ist.

Fall 16: Erbe gesucht!

▸ **Standort:** Erbrecht, Berliner Testament

Gisela (G) und Harald (H) Meier haben handschriftlich folgendes Testament aufgesetzt:

> „Wir, die Eheleute Gisela und Harald Meier, setzen
> uns hiermit gegenseitig zu Erben ein.
> Erben des Längstlebenden sollen zu gleichen Teilen
> unsere Kinder Lisa (L) und Jonas (J) sein.
> Gisela und Harald Meier".

H stirbt im Jahr 2002. G lernt kurz darauf ihren neuen Lebenspartner Hans-Joachim Glück kennen und zieht mit ihm zusammen. Als J im Jahr 2014 bei einem tragischen Reitunfall ums Leben kommt, hinterlässt er seine Ehefrau Friederike (F) und seine Tochter Katrin (K).

Als G im Jahr 2021 stirbt, streiten sich L, F und K um das Erbe. K meint, dass ihr das Erbe mit dem Tode des J angewachsen sei. F dagegen meint, als Ehefrau des J stände ihr auch ein Teil des Erbes zu. Wer hat zu welchen Anteilen geerbt?

Das Berliner Testament

I. Formgültigkeit
Gemeinschaftliches Testament gem. §§ 2265, 2267

II. Auslegung
  1. Trennungsprinzip
    Rechtsfolge: Anwartschaftsrecht gem. § 2108 II
    - F und K treten an die Stelle des J
  2. Einheitsprinzip
    Rechtsfolge: Kein Anwartschaftsrecht; Anwendung der allgemeinen
    Auslegungsregeln gem. § 2069 und § 2094
    - nur K tritt an die Stelle des J
  3. Auslegungsregel des § 2269

III. Ergebnis
Es gilt das Einheitsprinzip. L und K sind Erbe zu je ½.

Wer zu welchen Teilen geerbt hat, hängt entscheidend von der Auslegung des gemeinschaftlichen Testaments der Eheleute G und H ab. Dabei handelt es sich um ein sog. **Berliner Testament**, da sich die Ehegatten in einem gemeinschaftlichen Testament gegenseitig und einen Dritten (hier: die Kinder) zu Erben des Längstlebenden eingesetzt haben.

I. Formgültigkeit

Zunächst müsste jedoch ein formgültiges Testament vorliegen.

Für Testamente gilt die Schriftform gem. **§ 2247 I**, der eine eigenhändig geschriebene und unterschriebene Erklärung verlangt. Bei gemeinschaftlichen Testamenten von Ehegatten gem. § 2265 gilt jedoch die **Formerleichterung** des **§ 2267**. Hiernach ist es ausreichend, wenn einer der Ehegatten das Testament in der vorgeschriebenen Form errichtet hat und der andere Ehegatte die gemeinschaftliche Erklärung eigenhändig mit un terzeichnet hat. Das Testament von G und H erfüllt diese Voraussetzungen. Das fehlende **Datum** und der fehlende **Ort** hindern die Gültigkeit des Testaments nicht, da diese Angaben gem. § 2267 S. 2 i.V.m. § 2247 II lediglich als „**Soll-Vorschrift**" gefordert sind.

Damit liegt ein formgültiges Testament vor.

II. Auslegung

Bei der Auslegung des Berliner Testaments sind zwei Möglichkeiten denkbar, die unterschiedliche Auswirkungen auf das Erbrecht der beteiligten Personen haben:

1. Trennungsprinzip

Zunächst ist bei einem Berliner Testament die Anordnung von **Vor- und Nacherbschaft** möglich, so dass beim Tod eines der Ehegatten der überlebende Ehegatte (hier: G) Vorerbe und die Kinder (hier: J und L) Nacherben werden. Erst beim Tode des längstlebenden Ehegatten tritt der Nacherbfall ein.

Man spricht hier vom Trennungsprinzip, da mit Eintritt der Vorerbschaft beim überlebenden Ehegatten zwei rechtlich voneinander unabhängige Vermögensmassen bestehen: Der Ehegatte bleibt im Besitz seines Eigenvermögens und erwirbt zudem den Nachlass als Vorerbe[66].

Da die Kinder J und L bei Anwendung des Trennungsprinzips Nacherben sind, haben sie im Zeitpunkt des Todes des H gem. **§ 2108 II 1** eine veräußerliche und vererbliche **Anwartschaft** auf das Erbe erworben. Die Anwartschaft des J geht nun mit seinem Tod - sofern er nichts anderes bestimmt hat - auf seine gesetzlichen Erben über. Seine gesetzlichen Erben sind gem. §§ 1931,1371, 1924 seine Ehefrau F und sein Kind K zu je ½.

Damit sind nach dem Tode der G bei Anwendung des Trennungsprinzips L zu ½ und F und K zu je ¼ Erbe geworden.

2. Einheitsprinzip

Weiterhin ist aber auch denkbar, dass der überlebende Ehegatte nach dem Tode des Erstverstorbenen dessen Vermögen als **Vollerbe** erwirbt. Die Kinder erben erst später als **Schlusserben**. Man spricht hier vom Einheitsprinzip, da beim Tode des erstversterbenden Ehegatten dessen Vermögen mit dem des überlebenden Ehegatten rechtlich zu einer Einheit verschmilzt[67]. Beim

---

[66] Vgl. Brox, Erbrecht § 14, Rn.187.
[67] Vgl. Brox aaO.

Einheitsprinzip haben J und L **kein Anwartschaftsrecht** auf das Erbe erworben, so dass J mit seinem Tod auch nichts aus dem Nachlass des H an seine eigenen gesetzlichen Erben weitergeben konnte.

Vielmehr ist in einem solchen Fall das gemeinschaftliche Testament von G und H nach allgemeinen Regeln über den Wegfall von Erben auszulegen. Gem. **§ 2094** gilt dabei die Vermutung der **Anwachsung**, sofern mehrere Erben in der Weise eingesetzt wurden, dass sie die gesetzliche Erbfolge ausschließen. Damit wäre L Alleinerbin geworden. Allerdings bildet die Vermutungsregel des **§ 2069** eine Ausnahme hierzu, wenn der Erblasser - wie vorliegend - seine **Abkömmlinge** bedacht hat. Gem. § 2069 ist vorliegend im Zweifel anzunehmen, dass die eigenen Abkömmlinge des J an seine Stelle treten sollen.
Da von einem entgegenstehenden Willen der Eheleute G und H nicht auszugehen ist, ist nach der Auslegungsregel des § 2069 die Tochter K als Abkömmling des J an dessen Stelle getreten.

Nach dem Tode der G erben damit bei Anwendung des Einheitsprinzips K und L zu je ½. F ist hingegen nicht Erbin geworden.

3. Auslegungsregel des § 2269

Ob in einem Berliner Testament das Einheits- oder das Trennungsprinzip gewollt ist, ist vorrangig durch Auslegung zu ermitteln. **Im Zweifel** ist jedoch gem. § 2269 anzunehmen, dass „der Dritte für den gesamten Nachlass als Erbe des zuletzt versterbenden Ehegatten eingesetzt ist". Im Zweifel gilt also das **Einheitsprinzip**.

Für einen gemeinsamen Willen der Eheleute G und H, eine Vor- und Nacherbschaft anzuordnen, gibt es im vorliegenden Fall keine Anhaltspunkte. Damit gilt mit der Auslegungsregel des § 2269 das Einheitsprinzip.

III. Ergebnis

K und L sind zu je ½ Erbe geworden. F hingegen hat nichts geerbt.

Fall 17: Glück in der Karibik

▸ **Standort:** Erbrecht, Vor- und Nacherbschaft, beeinträchtigende Verfügungen

Die Eheleute Frauke (F) und Manuel (M) Meier hatten im Jahr 2006 geheiratet. Da die Ehe der beiden kinderlos geblieben war, schlossen sie folgendes, formgültiges gemeinschaftliches Testament:

> „I. Hiermit setzten wir uns gegenseitig zu befreiten Vorerben ein.
> II. Beim Tode des Längstlebenden soll Christoph Glückspilz (G), der Sohn von Frauke aus einer früheren Ehe, Nacherbe sein.
> III. Als Testamentsvollstrecker setzen wir Herrn RA Dr. Thomas Wendehals (T) ein.
> Frauke und Manuel Meier".

Im Jahr 2020 stirbt F. M lernt im Jahr 2021 bei einer Urlaubsreise in der Karibik Isolde (I) kennen. Da I ihm wesentlich näher steht als G, setzt M in einem handschriftlichen Testament I als Alleinerbin ein. Zudem widerruft er die Einsetzung von Herrn Dr. Wendehals als Testamentsvollstrecker.

Zum Geburtstag schenkt er I eine zum Nachlass gehörende, antike Vase. Ferner schenkt er unter Eintragung ins Grundbuch ein zum Nachlass gehörendes Baugrundstück an I. Gegen beide Übereignungen protestiert G.

Frage 1): Ist das spätere Testament des M wirksam?
Frage 2): Sind die Übereignungen der Vase und des Grundstücks an I wirksam?

Frage 1: Wirksamkeit des Testaments
Nichtigkeit aufgrund des vorherigen gemeinschaftlichen Testaments?
1. Formgültigkeit (+)
2. Widerspruch zum gemeinschaftlichen Testament (+)
3. Wechselbezügliche Verfügung § 2270 I
   a) Erbeinsetzung des G
     - Bindungswirkung für M?
       Vermutung bei Verwandten § 2270 II
   b) Einsetzung des Testamentsvollstreckers
     - Keine Bindungswirkung gem. § 2270 III
4. Rechtsfolge: Erlöschen des Widerrufsrechts nach dem Tod des
   Ehegatten § 2271 II
5. Ergebnis: Erbeinsetzung der I unwirksam, Widerruf des T wirksam.

Frage 2: Wirksamkeit der Übereignungen
1. Verfügungsbeschränkungen bei Rechtsgeschäften unter Lebenden
   a) Bei Vollerbschaft grds. (-)
   b) Bei Vor- und Nacherbschaft gem. §§ 2113 ff.
2. Wirksamkeit der Übereignungen gem. § 2113 i.V.m. § 2136
   a) bzgl. des Grundstücks (-)
   b) bzgl. der Vase (-)
     Keine sittliche Pflicht gem. § 2113 II 2
   c) Eintritt der Unwirksamkeit mit dem Nacherbfall
3. Ergebnis: Unwirksamkeit der Übereignungen mit Eintritt des
   Nacherbfalls

Frage 1: Wirksamkeit des Testaments

Die in dem Testament des M getroffenen Anordnungen könnten unwirksam sein, wenn hierin ein unzulässiger Widerruf der in dem gemeinschaftlichen Ehegattentestament getroffenen Anordnungen läge.

Der Erblasser kann grundsätzlich frei bestimmen, an welche Person sein Vermögen mit dem Erbfall fallen soll (**Testierfreiheit**). Hiervon gibt es nur eine Ausnahme, wenn der Erblasser sich *freiwillig gebunden* hat. Dies kommt v.a. bei einem *Erbvertrag* oder bei wechselbezüglichen Verfügungen in einem gemeinschaftlichen *Ehegattentestament* in Betracht.

1. Die Formgültigkeit des Ehegattentestaments von F und M ist gegeben.

2. Die in dem Testament des M getroffenen Verfügungen - Erbeinsetzung der I und Widerruf des T als Testamentsvollstrecker - stehen im **Widerspruch** zu dem gemeinschaftlichen Ehegattentestament, da in diesem eine Erbeinsetzung des G und die Testamentsvollstreckung durch T bestimmt war.

3. Bei einem Ehegattentestament besteht nur bei sog. **wechselbezüglichen Verfügungen** eine Bindungswirkung. Wechselbezüglich sind gem. **§ 2270 I** diejenigen Verfügungen von Ehegatten, von denen anzunehmen ist, dass die Verfügung des einen nicht ohne die Verfügung des anderen getroffen sein würde. Wechselbezügliche Verfügungen brauchen demnach nicht notwendigerweise gegenseitig zu sein.

Da keine näheren Umstände über das Zustandekommen der Verfügungen der Ehegatten bekannt sind, greift die Auslegungsregel des **§ 2270 II** ein. Gem. § 2270 II ist ein solches Verhältnis der Verfügungen zueinander **im Zweifel** u.a. anzunehmen, wenn dem einen Ehegatten von dem anderen eine Zuwendung gemacht und für den Fall des Überlebens des Bedachten eine Verfügung zugunsten einer nahe stehenden Person getroffen wird, die mit dem anderen Ehegatten **verwandt** ist oder ihm sonst nahe steht. Damit wird untersucht, ob die F den M bedacht hat, weil der M den G bedacht hat. Dies wird gem. § 2270 II vermutet, wenn G mit der F verwandt ist[68]. Das Verwandtschaftsverhältnis ist in **§ 1589** geregelt.

Die Regel des § 2270 beruht auf der Erwägung, dass der eine Ehegatte in der Verfügung, die zugunsten einer ihm nahe stehenden Person von dem anderen Ehegatten getroffen wird, eine Art Gegenleistung dafür zu sehen pflegt, dass er seinerseits dem letzteren eine Zuwendung macht[69].

a) Da G als Sohn der F mit dieser verwandt ist, greift vorliegend die Auslegungsregel des § 2270 II ein.

---

[68] Gegen die Vermutung des § 2270 II *könnte* z.B. eine Vermögenslosigkeit der F sprechen; vgl. Bay OLG FamRZ 95,251.
[69] Palandt § 2270, Rn.7.

Dies bedeutet, dass in Bezug auf die Erbeinsetzung des G für <u>M</u> eine wechselbezügliche Verfügung gegeben ist und M daher an die Erbeinsetzung gebunden ist[70].

b) Gem. **§ 2270 III** können nur **Erbeinsetzungen, Vermächtnisse und Auflagen** wechselbezüglich sein, nicht hingegen die Anordnung einer Testamentsvollstreckung. Damit stellt die Einsetzung des T als Testamentsvollstrecker keine wechselbezügliche Verfügung dar.

4. Bei wechselbezüglichen Verfügungen liegt eine Bindungswirkung vor. Diese kann durch einen Widerruf wie folgt gebrochen werden:

- Zu *Lebzeiten der Ehegatten* ist ein Widerruf unter den einschränkenden Voraussetzungen des § 2271 I möglich. Insbesondere ist ein Widerruf durch ein einfaches Testament ausgeschlossen, da gem. § 2271 I i.V.m. § 2296 II eine persönliche, notariell beurkundete Erklärung gegenüber dem anderen Ehegatten erforderlich ist.

- Das Recht zum Widerruf erlischt jedoch gem. § 2271 II 1 mit dem *Tod eines der Ehegatten*. Ein Widerruf ist grundsätzlich nur noch möglich, wenn der Überlebende gem. § 2271 II 1 i.V.m. § 1944 I das Erbe innerhalb von sechs Wochen ausschlägt.

M hat das Erbe der F nicht ausgeschlagen. Damit ist sein Recht zum Widerruf gem. § 2271 II mit dem Tode der F erloschen.

5. <u>Ergebnis</u>: Das Testament des M ist in Bezug auf die Erbeinsetzung der I unwirksam. Hingegen ist der Widerruf des T als Testamentsvollstrecker wirksam.

---

[70] Jedoch stellt die Erbeinsetzung des G für <u>F</u> keine wechselbezügliche Verfügung dar, da diese in ihrem Interesse liegt.

Frage 2: Wirksamkeit der Schenkungen

1. Die Bindung von wechselbezüglichen Verfügungen wirkt rein erbrechtlich. Das Recht des Erblassers, über sein Vermögen durch Rechtsgeschäft unter Lebenden zu verfügen, wird hierdurch nicht beschränkt. Auf diesem Weg besteht allerdings die Gefahr der *Aushöhlung* des Erbrechts des G, indem I schon zu Lebzeiten des M den Nachlass weitgehend durch Schenkung erhält.

a) Im Falle der *Vollerbeinsetzung* des überlebenden Ehegatten, die nach der Auslegungsregel des § 2269 im Zweifel eingreift[71], kann M über sein Vermögen zu Lebzeiten grundsätzlich frei verfügen. Wegen der erbvertragsähnlichen Bindungswirkung werden lediglich die Vorschriften der §§ 2287, 2288 über beeinträchtigende Schenkungen analog angewendet.

b) M und F haben jedoch ausdrücklich eine (befreite) Vor- und Nacherbschaft angeordnet, so dass die Auslegungsregel des § 2269 nicht eingreift. Damit unterliegt M den Beschränkungen eines Vorerben.

2. Gem. **§§ 2112 - 1115** sind bestimmte Verfügungen des **Vorerben** unwirksam, sowie sie das Nacherbenrecht vereiteln oder beeinträchtigen würden. Dabei ist der Begriff der **Verfügung** technisch zu verstehen und betrifft nur die dingliche Übertragung der Gegenstände; d.h. die schuldrechtlichen Verpflichtungsgeschäfte (hier: die Schenkungen) sind unbeschränkt gültig. Der **befreite Vorerbe** kann gem. **§ 2136** von bestimmten Verfügungsbeschränkungen durch den Erblasser befreit werden.

a) Grundsätzlich kann ein Vorerbe gem. **§ 2113 I** nicht über zur Erbschaft gehörende **Grundstücke** verfügen. Von dieser Verfügungsbeschränkung wurde M gem. § 2136 befreit. Allerdings kann auch der befreite Vorerbe **keine unentgeltlichen Verfügungen** gem. **§ 2113 II** treffen, da § 2136 hierauf nicht verweist. Grund hierfür ist, dass bei unentgeltlichen Verfügungen kein entsprechender Gegenwert in den Nachlass fließt. Daher konnte M auch als befreiter Vorerbe nicht unentgeltlich über das Grundstück verfügen.

---

[71] Vgl. hierzu auch Fall 16.

Auch eine Zustimmung des G, die die Wirksamkeit der Verfügung zur Folge hätte, liegt nicht vor. Vielmehr hat G gegen die Übertragung des Grundstücks protestiert.

b) Auch in Bezug auf die Vase liegt eine unentgeltliche Verfügung vor. Ausnahmsweise sind gem. § 2113 II 2 solche Schenkungen wirksam, durch die einer sittlichen Pflicht entsprochen wird. Als sittliche Pflicht kommt hier der Geburtstag der I in Betracht. Allerdings muss es sich nach dem Sinn der Bestimmung um solche sittlichen Pflichten handeln, die gerade im Hinblick auf die Leistung aus dem Nachlass des Erblassers bestehen[72]. Eine solche Pflicht besteht hier nicht, so dass auch die Übertragung der Vase gem. § 2113 II i.V.m. § 2136 nicht möglich ist.

c) Die Verfügungen des M als Vorerben werden allerdings erst mit Eintritt des Nacherbfalls unwirksam. Bis zum Eintritt des Nacherbfalls ist I Eigentümerin. Allerdings kann der Nacherbe unter den Voraussetzungen des § 256 ZPO gegen den Vorerben und I Feststellungsklage erheben[73].

3. <u>Ergebnis</u>: Mit Eintritt des Nacherbfalls werden die Verfügungen über das Grundstück und über die Vase an I gem. § 2113 i.V.m. § 2136 unwirksam.

---

[72] Vgl. Brox, § 24, Rn.363.
[73] str.; vgl. BGHZ 52,269; Brox, Rn.362.

Fall 18: Der gerechte Graf

▸ **Standort:** Erbrecht, Abgrenzung Teilungsanordnung und Vorausvermächtnis

---

Als Graf Eduard von Ebert-Wittgenstein (E) stirbt, hinterlässt er folgendes formgültiges Testament:

„Meine drei Kinder Albert (A), Bernd (B) und Clara (C) setze ich hiermit zu gleichen Teilen als Erben ein. Jedes meiner Kinder soll eines meiner drei Häuser, die gleich viel wert sind, erhalten. Die Aufteilung soll dabei wie folgt vorgenommen werden: Mein ältester Sohn A bekommt den Familienwohnsitz, mein Sohn B das Haus in der Luisenstraße und meine Tochter C das Haus in der Friedrich-Ebert-Staße. Meine Tochter C soll zudem zusätzlich das Familiensilber bekommen".

Ein Gutachten, dass nach dem Tod des E in Auftrag gegeben wird, kommt zu folgendem Ergebnis: Der Familienwohnsitz hat einen Wert von 1 Mio. €, das Haus in der Luisentraße von 1,1 Mio €, das Haus in der Friedrich-Ebert-Straße von 900.000 € und das Familiensilber von 40.000 €. Sonstiges Vermögen des E ist nicht vorhanden.

Frage 1): Wie ist die Auseinandersetzung vorzunehmen?
Frage 2): Können A, B und C auch die Hausgrundstücke einvernehmlich anders aufteilen?

Frage 1: Durchführung der Erbauseinandersetzung
1. Auslegung des Testaments in Bezug auf die Häuser
   a) Vorausvermächtnis § 2150
   b) Teilungsanordnung § 2048
   c) Ergebnis: § 2048 (+), daher Anrechnung auf die Miterbenanteile
2. Auslegung des Testaments in Bezug auf das Familiensilber
   - § 2150 (+), daher keine Anrechnung
3. Vollzug durch Verfügungsgeschäft nötig, da §§ 2048, 2150 nur schuldrechtliche Ansprüche darstellen
4. Durchführung des Wertausgleichs

> **Frage 2: Einvernehmliche Änderung der Erbauseinandersetzung**
> Die Miterbengemeinschaft kann einvernehmlich eine andere
> Auseinandersetzung vornehmen.

Frage 1: Durchführung der Erbauseinandersetzung

Mit dem Tode des E sind A, B und C Miterben geworden und bilden daher eine Miterbengemeinschaft. Diese ist eine *Gesamthandsgemeinschaft*. Dabei kann jeder Miterbe grundsätzlich jederzeit die Auseinandersetzung der Miterbengemeinschaft gem. § 2042 verlangen.

1. Besondere Schwierigkeiten wirft die Frage auf, ob E in seinem Testament eine Teilungsanordnung oder ein Vorausvermächtnis getroffen hat. Das Testament ist dabei zunächst in Bezug auf die Häuser **auszulegen**.

a) Eine **Teilungsanordnung gem. § 2048** liegt vor, wenn der Erbschaftsgegenstand, den der Erblasser einem Miterben durch Verfügung von Todes wegen zugewiesen hat, voll *auf dessen Miterbenanteil angerechnet* werden soll. Der Miterbe soll insgesamt nicht mehr erhalten, als es seinem Erbteil entspricht.

b) Ein **Vorausvermächtnis gem. § 2150** ist demgegenüber anzunehmen, wenn der Erblasser einem der Miterben einen *besonderen Vermögensvorteil* zuwenden will[74]. Die Rechtslage ist für den Bedachten also erheblich günstiger, da eine Anrechnung auf seinen Erbteil nicht stattfindet[75]. Entscheidendes Kriterium für die Abgrenzung von Teilungsanordnung und Vorausvermächtnis ist somit der **Begünstigungswille** des Erblassers.

c) Ein Anhaltspunkt für die Auslegung des Testaments in Bezug auf die Häuser ist zunächst, dass E seine drei Kinder zu gleichen Teilen als Erben eingesetzt hat und die Häuser den Großteil seines Vermögens ausmachen. Zudem ging E davon aus, dass die Häuser gleich viel wert sind. Ein Begünstigungswille des E ist somit nicht feststellbar.

---

[74] BGHZ 36,115
[75] Vgl. Brox, Erbrecht § 26, Rn. 436.

Daher ist eher von einer Teilungsanordnung auszugehen. A, B und C haben daher nach Übertragung der einzelnen Gegenstände einen **Wertausgleich** vorzunehmen.

2. In Bezug auf das Familiensilber ist demgegenüber ein Begünstigungswille des E erkennbar. C sollte das Familiensilber „zusätzlich" erhalten, so dass es nach dem Willen von E wertmäßig nicht auf seine Erbquote angerechnet werden sollte. Damit ist diesbezüglich eher von einem Vorausvermächtnis gem. § 2150 auszugehen. Folglich findet ein Wertausgleich hier nicht statt.

3. Eine Teilungsanordnung gem. § 2048 bzw. ein Vorausvermächtnis gem. § 2150 haben zunächst nur zur Folge, dass dem bedachten Miterben ein **schuldrechtlicher Anspruch** gegen die Miterbengemeinschaft auf Übereignung des zugewiesenen Gegenstandes zusteht. Somit müssen noch die jeweiligen **Verfügungsgeschäfte** von den Miterbengemeinschaft und dem jeweils anspruchsberechtigten Miterben getätigt werden.

4. Nach Vornahme der jeweiligen Verfügungsgeschäfte ist damit noch folgender Wertausgleich vorzunehmen:

Die auszugleichende Erbmasse beträgt insgesamt 3 Mio. €. Jeder Miterbe erhält also entsprechend seiner Quote 1 Mio. €.

- A hat diesen Betrag in Form des Familiengrundstücks bereits erhalten und muss daher nichts entrichten.

- B hat ein Hausgrundstück im Wert von 1,1 Mio. € erhalten und muss daher 100.000 € entrichten.

- Diesen Betrag erhält C, da sie nur ein Hausgrundstück im Wert von 900.000 € bekommen hat. Zusätzlich erhält C noch das Familiensilber im Wert von 40.000 € ohne Anrechnung auf ihren Erbteil.

Frage 2: Einvernehmlicher Häusertausch

Die Miterbengemeinschaft kann sich einvernehmlich über Teilungsanordnungen des Erblassers hinwegsetzen und eine andere Auseinandersetzung vornehmen. Der Erblasser möchte mit einer Teilungsanordnung meistens Streit zwischen den Erben vermeiden; bei einer einvernehmlich getroffenen Vereinbarung scheidet dieser aber von vornherein aus.

Fall 19: Die voreilige Erbin, Teil 1

▸ **Standort:** Erbschaft, Testament, Erbschaftsbesitzer

Als die verwitwete Elfriede Eckhardt (E) stirbt, hinterlässt sie folgendes, maschinengeschriebenes Testament:

> „Hiermit setze ich meine Freundin Frauke Potente (F)
> als Alleinerbin ein.
> Elfriede Eckhardt"

F nimmt den Nachlass daher in Besitz. Im Haus der E findet sie u.a. eine Diamantbrosche und ein Bündel Geldscheine im Wert von 5.000 €. Die Brosche verkauft sie für 2.000 € an Karoline Krämer (K). Von dem Bündel Geldscheine kauft sie sich einen gebrauchten Pkw im Wert von 3.000 € von Axel Dreher (D).

Als Sarah (S), die einzige Tochter von E, von diesen Vorgängen erfährt, ist sie entsetzt, da sie sehr an der Brosche gehangen hatte. An einem gebrauchten Pkw hingegen hat sie kein Interesse.

Kann S Ansprüche gegen K, D oder F geltend machen?

A. Ansprüche S gegen K auf Herausgabe der Brosche
I. § 985
1. S= Eigentümerin
   a) gesetzlicher Eigentumserwerb durch Erbfall gem. § 1922
      - maschinengeschriebenes Testament unwirksam gem. § 2247
      - S daher Erbin 1. Ordnung gem. § 1924
   b) Eigentumsverlust durch gutgläubigen Erwerb der K von F gem. §§ 929 S. 1, 932
      - Einigung und Übergabe gem. § 929 S. 1 (+)
      - guter Glaube der K gem. § 932 (+)
      - aber: Sache abhandengekommen gem. § 935, da S gem. § 857 unmittelbare Besitzerin war.
   c) Ergebnis: S ist Eigentümerin

2. K = Besitzerin (+)
3. Kein Recht zum Besitz (+)
    ZbR nur gegen F
Damit § 985 (+)
II. § 861
    (-), da K fehlerhaften Besitz nicht kannte
III. § 1007
IV. Ergebnis: S kann die Herausgabe der Brosche gem. § 985 verlangen.

B. Ansprüche S gegen D auf Herausgabe der 3.000 €

I. § 985
    hier: gutgläubiger Erwerb des D wegen § 935 II (Geld)
II. § 861 s.o.
III. § 1007
IV. Ergebnis: S kann von D die 3.000 € nicht herausverlangen.

C. Ansprüche S gegen F auf Herausgabe der Erbschaft

I. § 2018
1. Erbe
2. Erbschaftsbesitzer
    - muss sich auf vermeintliches Erbrecht stützen
3. Umfang
    a) Herausgabe der Erbschaft
    b) dingliche Surrogation gem. § 2019
        (1) Kaufpreis für die Brosche (+)
        - Wahlrecht zwischen Brosche und Geld
        (2) Eigentum am Pkw (+)
        - Kein Schadensersatzanspruch gegen F gem. § 2024, da nicht
         bösgläubig
4. Ergebnis: § 2018 (+), umfasst gem. § 2019 auch Kaufpreis und Pkw

II. § 985 in Bezug auf die einzelnen Erbschaftsgegenstände (+)

D. Ergebnis

S kann die Erbschaft von F gem. § 2018 oder § 985 herausverlangen.
Umfasst ist gem. § 2019 auch der Kaufpreis für die Brosche und der Pkw.
Alternativ kann S von K die Brosche gem. §§ 985, 1007 II heraus-
verlangen.

A. Ansprüche S gegen K auf Herausgabe der Brosche

I. S könnte gegen K einen Anspruch aus § 985 auf Herausgabe der Brosche haben.

1. Dazu müsste S **Eigentümerin** der Brosche sein.

a) S könnte das Eigentum von E im Wege der **Gesamtrechtsnachfolge (Universalsukzession)** gem. **§ 1922** erworben haben. Dazu müsste sie Erbin geworden sein. S ist als Tochter der E **gesetzliche** Erbin 1. Ordnung gem. **§ 1924 I**. Jedoch könnte das Testament der E die gesetzliche Erbfolge ausschließen. Allerdings entspricht das **Testament** nicht der gesetzlich vorgeschriebenen Form gem. **§ 2247 I**, da es **nicht eigenhändig**, sondern maschinengeschrieben ist. Damit ist das Testament nichtig und es verbleibt bei der gesetzlichen Erbfolge.

S ist damit Alleinerbin gem. § 1924 I und hat das Eigentum an der Brosche gem. § 1922 erworben.

b) S könnte das Eigentum allerdings durch einen **gutgläubigen Erwerb der K von F gem. §§ 929 S. 1, 932** wieder verloren haben.

Eine Einigung über den Eigentumsübergang und eine Übergabe der Brosche zwischen K und F liegen gem. § 929 S. 1 vor.

F war als Nichteigentümerin allerdings zur Übertragung des Eigentums nicht berechtigt. Die fehlende Berechtigung der F könnte durch einen gutgläubigen Erwerb der K gem. § 932 überwunden werden. Voraussetzung ist gem. **§ 932 II**, dass der K weder bekannt noch infolge grober Fahrlässigkeit unbekannt war, dass die Brosche der F nicht gehörte. Für eine Bösgläubigkeit von K gibt es keine Anhaltspunkte. Daher ist ein guter Glaube der K gem. § 932 II gegeben.

Jedoch ist ein gutgläubiger Erwerb gem. **§ 935** ausgeschlossen, wenn die Sache abhanden gekommen ist. *Abhandenkommen bedeutet den unfreiwilligen Verlust des unmittelbaren Besitzes.*

Nach der Fiktion des § 857 gilt der **Erbe** als **unmittelbarer Besitzer**, auch wenn er die tatsächliche Sachherrschaft nicht ausübt. Damit war S unmittelbare Besitzerin der Brosche, so dass ihr diese abhanden gekommen ist.

Somit hat S das Eigentum nicht durch einen gutgläubigen Erwerb seitens der K verloren.

c) S ist damit Eigentümerin der Brosche.

2. K ist gem. § 985 **Besitzerin** der Brosche.

3. K bräuchte die Brosche nicht herauszugeben, wenn ihr gem. § 986 ein **Recht zum Besitz** zustehen würde. K kann gegenüber F ein Zurückbehaltungsrecht gem. § 273 an der Brosche geltend machen, bis ihr der Kaufpreis Zug um Zug zurückerstattet wurde[76]. Dieses Recht wirkt allerdings nicht gegenüber S. Damit steht ihr kein Recht zum Besitz gegenüber S gem. § 986 zu.

4. Ergebnis: Damit kann S die Herausgabe der Brosche gem. § 985 i.V.m. § 1922 verlangen.

II. Ferner könnte S ein Herausgabeanspruch gem. § 861 I zustehen.

Dazu müsste K gem. **§ 858 II 1 fehlerhaft** besitzen. Der durch verbotene Eigenmacht (§ 858 I) erlangte Besitz ist fehlerhaft. K selbst hat keine verbotene Eigenmacht gem. § 858 I ausgeübt. Allerdings müsste sie gem. **§ 858 II 2** die Fehlerhaftigkeit des Besitzes der F als ihre Besitzvorgängerin gegen sich gelten lassen, wenn sie deren Fehlerhaftigkeit des Besitzes beim Erwerb **gekannt** hätte. Dafür bestehen bei K keine Anhaltspunkte.

Damit hat S keinen Herausgabeanspruch gem. § 861 I.

---

[76] Umstritten ist, ob das Zurückbehaltungsrecht gem. § 273 überhaupt ein Recht zum Besitz gem. § 986 darstellt. Darauf kommt es hier allerdings nicht an.

III. Schließlich könnte S ein Herausgabeanspruch gem. § 1007 II zustehen.

Gem. **§ 1007 II** kann der **frühere Besitzer**, dem die Sache abhanden gekommen war, die Herausgabe der Sache auch von einem gutgläubigen Besitzer verlangen. Dies ist hier der Fall, da die Brosche S abhanden gekommen war. Ein Ausschluss gem. § 1007 II 1, III liegt nicht vor. Damit steht S auch ein Herausgabeanspruch gem. § 1007 II zu.

IV. Ergebnis

Damit kann S die Herausgabe der Brosche von K gem. §§ 985, 1007 II verlangen.

B. Ansprüche S gegen D auf Herausgabe der 3.000 €

I. S könnte gegen D einen Anspruch auf Herausgabe der 3.000 € gem. § 985 haben.

1. Dazu müsste S Eigentümerin der 3.000 € sein.

a) S hat das Eigentum an dem Bündel Geldscheine als Erbin gem. § 1922 erworben.

b) Sie könnte das Eigentum allerdings durch gutgläubigen Erwerb gem. §§ 929 S. 1, 932 des D von F verloren haben.

Eine Einigung über den Eigentumsübergang und eine Übergabe der 3.000 € zwischen D und F liegen gem. § 929 S. 1 vor.

Auch von einem guten Glauben des D ist gem. § 932 II auszugehen, da keine gegenteiligen Anhaltspunkte bekannt sind.

Fraglich ist wiederum, ob der gutgläubige Erwerb gem. § 935 I ausgeschlossen ist. Bei **Geld** gilt allerdings die Ausnahme des **§ 935 II**, da bei Geld als Zahlungsmittel die Verkehrsfähigkeit gewährleistet sein soll. Damit findet ein Ausschluss des gutgläubigen Erwerbs hier nicht statt.

Folglich hat S ihr Eigentum durch gutgläubigen Erwerb des D von F an den 3.000 € gem. §§ 929 S. 1, 932 verloren.

2. Ergebnis: S hat keinen Herausgabeanspruch gem. § 985.

II. S könnte ein Herausgabeanspruch gem. § 861 I zustehen.

Dazu müsste D gem. **§ 858 II 1 fehlerhaft** besitzen. Wie zuvor bestehen allerdings keine Anhaltspunkte dafür, dass D gem. **§ 858 II 2** die Fehlerhaftigkeit des Besitzes der F als Besitzvorgängerin gegen sich gelten lassen müsste.

Damit hat S keinen Herausgabeanspruch gem. § 861 I.

III. Schließlich könnte S ein Herausgabeanspruch gem. § 1007 II zustehen.

Gem. **§ 1007 II** kann der **frühere Besitzer**, dem die Sache abhanden gekommen war, die Herausgabe der Sache auch von einem gutgläubigen Besitzer verlangen. Allerdings findet diese Vorschrift auf Geld gem. **§ 1007 II 2** keine Anwendung. Damit steht S auch ein Herausgabeanspruch gem. § 1007 II zu.

IV. Ergebnis

Damit kann S nicht die Herausgabe der 3.000 € von D verlangen.

C. Ansprüche S gegen F auf Herausgabe der Erbschaft

Zu prüfen ist ferner, ob S auch (gegebenenfalls alternativ) gegen F Ansprüche geltend machen kann.

I. S könnte gegen F einen Anspruch auf Herausgabe der Erbschaft gem. § 2018 haben.

1. S ist **Erbin** gem. § 2018.

2. Ferner müsste F gem. § 2018 etwas aufgrund eines ihr in Wirklichkeit nicht zustehenden Erbrechts erlangt haben und damit **Erbschaftsbesitzerin** sein. Als erlangtes „etwas" kommt dabei jede vermögensrechtliche Position in Betracht. Mit der Inbesitznahme des Nachlasses hat F Besitz an sämtlichen Nachlassgegenständen erlangt.

Weiterhin muss der Erbschaftsbesitzer **subjektiv** von einem **vermeintlichen Erbrecht** ausgehen. Stützt er sein Erbrecht auf dingliche oder schuldrechtliche Ansprüche (wie z.B. der Mieter) oder hat er die Sache rechtsgrundlos erlangt, so scheidet ein Anspruch aus § 2018 aus. F nahm vorliegend an, sie sei Erbin geworden und ging daher von einem vermeintlichen Erbrecht aus.

Damit ist sie Erbschaftsbesitzerin gem. § 2018.

3. Mit der Gesamtklage gem. § 2018 kann der Erbe vom Erbschaftsbesitzer alles herausverlangen, was dieser aufgrund des ihm in Wirklichkeit nicht zustehenden Erbrechts erlangt hat. Nach der Vorstellung des Gesetzgebers soll § 2018 es dem wahren Erben erleichtern, den Nachlass zu erlangen, ohne auf eine Vielzahl von Einzelklagen (z.B. § 985) angewiesen zu sein[77].

a) S kann daher von F den gesamten Nachlass herausverlangen.

b) Der Anspruch aus § 2018 wird durch **§ 2019 (Surrogation)** erweitert. Danach kann der Erbe auch alles herausverlangen, was der Erbschaftsbesitzer durch Rechtsgeschäft mit Mitteln der Erbschaft erworben hat.

---

[77] Obwohl es sich beim Erbschaftsanspruch um einen Gesamtanspruch handelt, sind die einzelnen Gegenstände dennoch im Klageantrag gem. § 253 II Nr.2 ZPO einzeln aufzuführen. Dies ist notwendig zur Bestimmung der Rechtskraft des Urteils und wegen der Zwangsvollstreckung.

(1) F hat den Kaufpreis für die **Brosche** i.H.v. 2.000 € mit Mitteln der Erbschaft erlangt. Die 2.000 € treten im Wege der dinglichen Surrogation an die Stelle der Brosche, d.h. der Erbe wird ohne Durchgangserwerb des Erbschaftsbesitzers Eigentümer des Surrogats. Damit kann S von F gem. § 2019 den Kaufpreis für die Brosche herausverlangen. Da S allerdings auch die Brosche von K herausverlangen kann, steht ihr nach herrschender Meinung ein **Wahlrecht** zu. Würde S den Erlös von F als nichtberechtigte Erbschaftsbesitzerin herausverlangen, so läge hierin gem. § 185 II eine schlüssige *Genehmigung* der zunächst unwirksamen Verfügung.

(2) Auch den Pkw kann S von F gem. § 2019 herausverlangen. Allerdings hat S kein Interesse an dem Pkw. Hier kommt ein Schadensersatzanspruch gegen F gem. **§ 2024** in Betracht, wenn F **bösgläubige Erbschaftsbesitzerin** gewesen wäre. Der Erbschaftsbesitzer ist nicht gutgläubig, wenn er weiß oder infolge grober Fahrlässigkeit nicht weiß, dass er Erbe ist (vgl. § 932 II). F müsste also gewusst haben oder infolge grober Fahrlässigkeit nicht gewusst haben, dass ein maschinengeschriebenes Testament unwirksam ist. Von einer solchen Kenntnis ist nicht auszugehen, da ein Laie nicht unbedingt die testamentarischen Formvorschriften kennen muss. Damit scheidet ein Anspruch gem. § 2024 aus[78].

4. Ergebnis: S kann die Erbschaft von F gem. § 2018 herausverlangen. Gem. § 2019 umfasst dieser Anspruch auch die Herausgabe des Kaufpreises der Brosche, den S alternativ (zum Herausgabeanspruch gegen K) geltend machen kann. Ferner ist die Herausgabe des Pkws umfasst.

---

[78] F war damit gutgläubige Erbschaftsbesitzerin und würde z.B. bei Zerstörung des Pkw nach bereicherungsrechtlichen Grundsätzen gem. § 2021 haften.

II. Ferner könnte S noch ein Herausgabeanspruch gegen F gem. § 985 zustehen.

1. Einzelansprüche (z.B. §§ 985, 861, 812, 1007) **bleiben** dem Erben neben dem Erbschaftsanspruch **erhalten**[79].

2. Die Voraussetzungen des § 985 sind in Bezug auf einzelne – noch näher zu bestimmende – Erbschaftsgegenstände erfüllt. Auch der Kaufpreis der Brosche kann gem. § 985 herausverlangt werden.

3. Der Erbe muss sich zwischen den Ansprüchen aus § 985 und § 2018 entscheiden.

D. Ergebnis

S kann die Erbschaft von F gem. § 2018 oder § 985 herausverlangen. Umfasst ist gem. § 2019 auch der Kaufpreis für die Brosche und der Pkw. Einen Schadensersatzanspruch gem. § 2024 wegen der Anschaffung des Pkws steht S nicht zu, da F gutgläubige Erbschaftsbesitzerin gewesen ist. Alternativ kann S von K die Brosche gem. §§ 985, 1007 II herausverlangen.

---

[79] Allerdings werden diese gem. § 2029 für die Frage der Haftung des Erbschaftsbesitzers durch die §§ 2018 ff. modifiziert. Im Rahmen einer Falllösung sind daher die §§ 2018 ff. vor den Einzelansprüchen zu prüfen.

Fall 20: Die voreilige Erbin, Teil 2

▸ **Standort:** Erbrecht, Erbschaftsbesitzer, Erbschein

Wie **Fall 19**, jedoch: F hat sich einen Erbschein ausstellen lassen.

Unter Vorlage des Erbscheins veräußert F die Diamantbrosche für 2.000 € an K. Des Weiteren veräußert sie an K für 4.000 € eine wertvolle Halskette, die F ebenfalls im Nachlass der E gefunden hatte. Die Halskette hatte die seinerzeit kleptomanisch veranlagte Erblasserin E bei einem Besuch des Juweliers J mitgehen lassen.

Ist K Eigentümerin
a) der Brosche und
b) der Halskette
geworden?

I. Eigentum an der Brosche
1. ursprünglich S Eigentümerin der Brosche gem. § 1922
2. Verlust durch gutgläubigen Erwerb gem. §§ 929 S. 1, 2366
    a) abhanden kommen beim Erbenbesitz gem. §§ 857, 935
    b) öffentlicher Glaube des Erbscheins gem. § 2366
        (1) rechtsgeschäftlicher Erwerb von demjenigen, welcher in einem Erbschein als Erbe bezeichnet wird
        (2) keine Bösgläubigkeit oder kein Rückgabeverlangen seitens des Nachlassgerichts
        (3) Rechtsfolge: der Erbschein gilt als richtig, soweit die Vermutung des § 2365 reicht
3. Ergebnis: K ist Eigentümerin der Brosche.

II. Eigentum an der Halskette
1. Keine Überwindung der Nichtberechtigung gem. §§ 2365, 935
   - der gutgläubige Dritte wird gem. § 2365 nur so gestellt, als wenn er vom wirklichen Erben erworben hätte
2. Ergebnis: J ist Eigentümer der Halskette geblieben.

I. Eigentum an der Brosche

1. Ursprünglich war die wirkliche Erbin S Eigentümerin der Brosche gem. § 1922.

2. S könnte das Eigentum allerdings durch gutgläubigen Erwerb der K von F gem. **§§ 929 S. 1, 2366** verloren haben.

a) An sich ist S die Brosche i.S.d. § 935 abhanden gekommen, da sie als wahre Erbin gem. § 857 einen fiktiven Erbenbesitz innehatte.

b) Jedoch könnte gem. § 2366 F so anzusehen sein, als sei sie die wahre Erbin gewesen.

(1) Dazu müsste gem. § 2366 zunächst ein rechtsgeschäftlicher **Erwerb von demjenigen, welcher in einem Erbschein als Erbe bezeichnet ist**, vorliegen. Erfasst sind somit nur rechtsgeschäftliche Verfügungen, und nicht z.B. schuldrechtliche Geschäfte oder Vollstreckungshandlungen. Ein rechtsgeschäftlicher Erwerb zwischen K und F, zu deren Gunsten ein Erbschein ausgestellt worden war, ist hier gegeben.

(2) Ferner dürfte K **nicht bösgläubig** i.S.d. § 2366 gewesen sein. Bösgläubig ist gem. § 2366 nur, wer die **Unrichtigkeit** des Erbscheins **kennt** oder weiß, dass das Nachlassgericht die Rückgabe des Erbscheins wegen Unrichtigkeit verlangt hat. Voraussetzung des § 2366 ist also *nicht*, dass der Erwerbende unter Vorlage des Erbscheins erwirbt oder weiß, dass überhaupt ein Erbschein ausgestellt worden ist[80]. Jedoch muss der Erwerber davon ausgehen, dass der Veräußerer als Erbe über einen Erbschaftsgegenstand verfügt[81].

K kannte die Unrichtigkeit des Erbscheins nicht und war daher nicht bösgläubig. Zudem ging sie aufgrund der Vorlage des Erbscheins davon aus, dass F als Erbin über die Brosche verfügte.

---

[80] Brox, Erbrecht, 20.Aufl., § 34, Rn.618.
[81] § 2366 greift also nicht ein, wenn der Erwerber davon ausgeht, dass der Veräußerer den Gegenstand auf andere Weise als durch Erbfall erworben habe, vgl. Brox aaO.

(3) Gem. § 2366 **gilt der Erbschein** zugunsten des Erwerbers **als richtig, soweit die Vermutung des § 2365 reicht**. Demnach wird K als Gutgläubige so behandelt, als hätte sie vom wirklichen Erben erworben. Dass S als wahrer Erbin die Brosche i.S.d. § 935 abhanden gekommen ist, spielt daher keine Rolle. Der Erbschein ersetzt das fehlende Erbrecht der F. K hat somit gutgläubig das Eigentum an der Brosche gem. §§ 929 S. 1, 2366 erworben.

3. Ergebnis: K ist durch gutgläubigen Erwerb gem. §§ 929 S. 1, 2366 Eigentümerin der Brosche geworden.

II. Eigentum an der Halskette

1. Die Voraussetzungen des § 2366 sind - wie zuvor- gegeben. Somit wird K gem. § 2366 i.V.m. § 2365 wieder so gestellt, als hätte sie vom wirklichen Erben erworben. **Von der wirklichen Erbin S hätte K jedoch kein Eigentum an der Halskette erwerben können,** da S als Nichtberechtigte hierüber verfügt hätte. Diese Nichtberechtigung hätte auch nicht gem. § 932 überwunden werden können, da die Halskette dem J i.S.d. § 935 abhanden gekommen war. Der Erbschein ersetzt somit nur das fehlende Erbrecht des Ausgewiesenen, jedoch nicht die fehlende Zugehörigkeit eines Gegenstandes zum Nachlass. K hat mithin kein Eigentum gem. §§ 929 S. 1, 2366 erworben.

2. Ergebnis: J ist Eigentümer der Halskette geblieben.

Merke: Durch den Erbschein wird der gutgläubige Erwerber gem. § 2366 so behandelt, als hätte er vom wirklichen Erben erworben. Die fehlende Zugehörigkeit eines Gegenstandes zum Nachlass kann durch den Erbschein jedoch nicht überwunden werden, sondern nur durch andere Bestimmungen über den gutgläubigen Erwerb (z.B. §§ 932 ff., 892 f.).

Fall 21: Einem geschenkten Gaul ....

▶ **Standort:** Erbrecht, Rechtsgeschäfte unter Lebenden von Todes wegen

Eduard Eifrig (E) errichtet für seine Nichte Ulrike (U) bei der Sparkasse (S) ein Sparkonto und zahlt dort 50.000 € ein. Das Konto lässt er auf den Namen der U ausstellen. Mit S vereinbart er, dass das Guthaben nach seinem Tod an U ausgezahlt werden soll.

Zu ihrem 18. Geburtstag erklärt er U, dass er ein Konto auf ihren Namen eingerichtet habe und „dass sie sich das Geld nach seinem Tod abholen könne". Das Sparbuch wolle er solange in Verwahrung behalten.

Nach dem Tod des E verlangen sowohl sein Sohn Alfred (A) als Alleinerbe sowie U die Auszahlung der 50.000 € von S.

Wie ist die Rechtslage?

I. Anspruch der U auf Auszahlung der 50.000 € gem. §§ 700 I, 488 I 2, 328, 331
1. Wirksamer Darlehensvertrag
   a) Forderungsrecht der U
      (1) zu Lebzeiten des E gem. § 328 I (-)
      (2) nach dem Tode des E gem. § 331 I (+)
   b) Formwirksamkeit des Darlehensvertrags (+)
      - insbesondere kein Eingreifen des § 518 oder § 2301 im Deckungs-
        verhältnis
2. Ergebnis: Anspruch der U auf Auszahlung (+)

II. Anspruch des A gegen U auf Abtretung
   des Auszahlungsanspruchs gem. § 812 I 1, 1. Alt.
1. etwas erlangt (+)
   -Auszahlungsanspruch gegen S i.H.v. 50.000 €
2. durch Leistung des E (+)
3. ohne Rechtsgrund
   - wirksamer Schenkungsvertrag?
   a) anwendbare Formvorschrift § 2301 oder § 518 (str.)
      - nach h.M. § 518 anwendbar, da § 331 als Spezialvorschrift § 2301
        verdrängt
   b) Schenkungsvertrag gem. § 518 II formwirksam
4. Ergebnis: Kein Anspruch A gegen U.

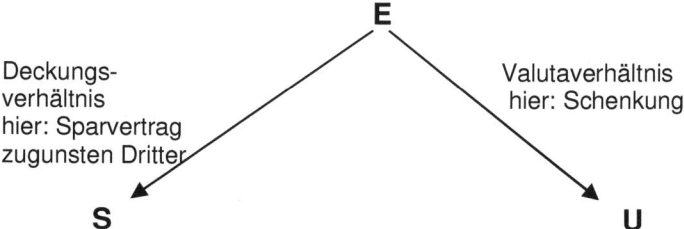

Deckungs-
verhältnis
hier: Sparvertrag
zugunsten Dritter

Valutaverhältnis
hier: Schenkung

S   **U**

I. U könnte gegen S einen Anspruch auf Auszahlung der 50.000 € gem. §§ 700 I, 488 I 2, 328, 331 haben.

1. Dazu müsste U aus einem zu ihren Gunsten geschlossenen Darlehensvertrag **forderungsberechtigt** sein.

a) E hat bei Eröffnung des Sparkontos einen Sparvertrag gem. § 700 I mit S geschlossen. Nach § 700 I finden die Vorschriften über den Darlehensvertrag gem. §§ 488 ff. entsprechende Anwendung. Fraglich ist, ob U aus diesem Vertrag forderungsberechtigt ist. Dies ist der Fall, wenn E einen wirksamen **Vertrag zugunsten Dritter** geschlossen hat.

(1) Gem. § 328 I liegt ein Vertrag zugunsten Dritter vor, wenn der Dritte **unmittelbar** das Recht erwerben soll, die Leistung zu fordern. Gem. § 328 II ist dies in Ermangelung einer sonstigen Bestimmung aus den Umständen, insbesondere aus dem Zweck des Vertrags, zu entnehmen. E hat zwar das Sparkonto direkt auf den Namen der U ausstellen lassen. Jedoch ergibt sich aus der Vereinbarung mit S, dass eine Auszahlung an U erst bei Tod des E erfolgen soll. Damit wollte E zu seinen Lebzeiten noch Inhaber der Forderung bleiben. Somit hat U *bei Abschluß des Sparvertrags* noch kein eigenes Forderungsrecht erworben, so dass kein echter Vertrag zugunsten Dritter gem. § 328 I vorliegt.

(2) Jedoch könnte U *mit dem Tode des E* Inhaberin der Forderung geworden sein. Dann läge gem. **§ 331 I** ein **Vertrag zugunsten Dritter auf den Todesfall** vor. Nach dem Willen des E sollte U das Geld mit seinem Tod erhalten. Damit sollte U mit seinem Tod forderungsberechtigt sein, so dass ein Vertrag zugunsten Dritter auf den Todesfall gem. § 331 I vorliegt.

b) Fraglich ist jedoch, ob dieser Vertrag **formwirksam** ist. Beim Vertrag zugunsten Dritter ist zwischen dem Deckungsverhältnis und dem Valutaverhältnis zu unterscheiden. Unter dem **Deckungsverhältnis** versteht man die Rechtsbeziehungen zwischen dem Versprechenden (hier: S) und dem Versprechensempfänger (hier: E). Unter dem **Valutaverhältnis** versteht man die Rechtsbeziehungen zwischen dem Versprechensempfänger (hier: E) und dem Dritten (hier: U)[82].

Nach der mittlerweile h.M. *beurteilt sich die Formgültigkeit des Vertrags zugunsten Dritter nur nach dem Deckungsverhältnis*, also vorliegend nach den Vorschriften über den Darlehensvertrag[83]. Damit greift weder die Vorschrift des § 518, noch des § 2301 ein. Somit ist der Vertrag formwirksam.

2. Ergebnis: U kann damit nach dem Tode von E die Auszahlung des Sparguthabens von S gem. §§ 700 I, 488 I 2, 328, 331 verlangen.

II. Fraglich ist, ob A die Forderung von U gegen S gem. § 812 I 1, 1. Alt. kondizieren, d.h. Abtretung verlangen kann.

1. U hat **etwas erlangt**, nämlich das Forderungsrecht i.H.v. 50.000 € gegen S.

2. Dies geschah auch durch bewusste und zweckgerichtete Mehrung des Vermögens der U und somit **durch Leistung** des E.

3. Problematisch ist, ob diese Leistung auch **ohne Rechtsgrund** erfolgte. Hierbei ist die Wirksamkeit des *Valutaverhältnisses* zu prüfen. Im Valutaverhältnis könnte ein wirksamer **Schenkungsvertrag** ein Rechtsgrund i.S.d. § 812 sein. E hat U zu ihrem 18. Geburtstag mitgeteilt, dass er auf ihren Namen ein Konto eingerichtet habe und sie sich nach seinem Tod das Geld abholen könne. Darin ist ein Schenkungsangebot zu sehen, welches U konkludent angenommen hat. Fraglich ist jedoch, ob dieser Schenkungsvertrag formwirksam ist und ob die Formvorschrift des

---

[82] Vgl. Brox, Erbrecht, § 42, Rn.763.
[83] Vgl. zum Streitstand Brox aaO.

§ 518 oder des § 2301 für die Beurteilung der Wirksamkeit des Schenkungsvertrags einschlägig ist.

a) Die Frage, welche Formvorschrift einschlägig ist, ist stark umstritten.

(1) Ein Teil des Schrifttums[84] wendet im Valutaverhältnis die Vorschrift des **§ 2301** an, da ansonsten die erbrechtlichen Vorschriften umgangen würden. Bei dem Versprechen der Schenkung hätte somit eine notarielle Beurkundung gem. § 2301 I i.V.m. § 2267 erfolgen müssen, so dass nach dieser Auffassung kein wirksamer Schenkungsvertrag vorliegt.

(2) Die h.M. ordnet hingegen das den Vorschriften der §§ 328, 331 zugrundeliegende Rechtsgeschäft als ein Rechtsgeschäft unter Lebenden ein, so dass § 2301 als erbrechtliche Bestimmung nicht anwendbar ist[85]. § 331 verdrängt als Spezialregelung somit hiernach die Vorschrift des § 2301, so dass sich die Wirksamkeit des Schenkungsvertrags allein nach der Vorschrift des **§ 518** richtet.

(3) Die h.M. stellt die ständige Rechtsprechung des BGH dar und ist bereits gewohnheitsrechtlich verfestigt. Zudem gibt es zu dem Grundsatz des § 2301 I ohnedies Durchbrechungen, wie die Vorschrift des § 2301 II zeigt. Somit wird vorliegend der h.M. gefolgt.

b) Folglich richtet sich die Formwirksamkeit des Schenkungsvertrags nach § 518. Gem. § 518 I ist grundsätzlich eine notarielle Beurkundung erforderlich. Der Mangel der Form wird jedoch gem. **§ 518 II durch Bewirken** der versprochenen Leistung **geheilt**. Mit dem Tod des E hat U ein eigenes Forderungsrecht gegen S erworben. Darin liegt ein Bewirken der versprochenen Leistung, so dass der ursprünglich bestehende Formmangel gem. § 518 II geheilt wurde. Somit ist der Schenkungsvertrag zwischen E und U wirksam und stellt einen Rechtsgrund i.S.d. § 812 I dar.

4. Ergebnis: A hat keinen Anspruch auf Abtretung der Forderung gem. § 812 I 1, 1. Alt. gegen U.

---

[84] Medicus, BR Rn. 396 ff.

[85] Vgl. zu Nachweisen Brox § 42 Rn.766. Der Unterschied zwischen §§ 328, 331 zu § 2301 liegt darin, dass der Bedachte bei §§ 328, 331 ein eigenes Forderungsrecht gegen den Versprechenden erwirbt, während er bei § 2301 ein eigenes Recht gegen den Erben erwirbt.

▶ **Unsere** 📖 **Skripten** 📑 **Karteikarten** 🔊 **Hörbücher (CD & MP3)**

Zivilrecht

- 📖 Standardfälle Zivilrecht für Anfänger (AT+KaufR) (7,90 €)
- 📖 🔊 Standardfälle BGB AT (7,90 €)
- 📖 🔊 Standardfälle Schuldrecht (7,90 €)
- 📖 🔊 Standardfälle Ges. Schuldverh.,§§ 677,812,823 (9,9 €)
- 📖 🔊 Standardfälle Sachenrecht (Mobil.+ Immobil.) (9,90 €)
- 📖 🔊 Standardfälle Familien- und Erbrecht (9,90 €)
- 📖 🔊 Basiswissen (Frage-Antwort) BGB AT (7 €)
- 📖 🔊 Basiswissen (Frage-Antwort) Schuldrecht AT (7 €)
- 📖 🔊 Basiswissen (Frage-Antwort) Schuldrecht BT (7 €)
- 📖 🔊 Basiswissen (Frage-Antwort) Sachenrecht (7 €)
- 🔊 Basiswissen Familienrecht und 🔊 Basiswissen Erbrecht
- 📖 Einführung in das Bürgerliche Recht (7,90 €)
- 📖 Studienbuch BGB AT (12 €)
- 📖 Studienbuch Schuldrecht AT (12 €)
- 📖 Schuldrecht BT 1 - §§ 437, 536, 634, 670 ff. (9,90 €)
- 📖 Schuldrecht BT 2 - §§ 812, 823, 765 ff. (9,90 €)
- 📖 SachenR 1 – Mobil., 📖 SachenR 2 – Immobil. (9,90 €)
- 📖 Familienrecht und 📖 Erbrecht (Einführungen) (9,90 €)
- 📖 Streitfragen Schuldrecht (7,90 €)
- 📖 🔊 Definitionen für die Zivilrechtsklausur (9,90 €)

Strafrecht

- 📖 Standardfälle Band 1: für Anfänger (9,90 €)
- 📖 Standardfälle Band 2: für Fortgeschrittene (12 €)
- 📖 🔊 Standardfälle Strafrecht AT (für Anfänger) (7,90 €)
- 📖 🔊 Basiswissen (Frage-Antwort) Strafrecht AT (7 €)
- 📖 🔊 Basiswissen Strafrecht BT 1 und 🔊 BT 2 (7 €)
- 📖 Strafrecht AT (7,90 €)
- 📖 Strafrecht BT 1 – Vermögensdelikte (9,90 €)
- 📖 Strafrecht BT 2 – Nichtvermögensdelikte (9,90 €)
- 📖 🔊 Definitionen für die Strafrechtsklausur (7,90 €)

Irrtümer und Änderungen vorbehalten!

Öffentliches Recht

- 📖 Standardfälle Staatsrecht I – StaatsorgaRecht (9,90 €)
- 📖 Standardfälle Staatsrecht II – Grundrechte (9,90 €)
- 📖 🔊 Standardfälle f. Anfänger (StaatsorgaR u. GRe) (7,9 €)
- 📖 Standardfälle Verwaltungsrecht AT (9,90 €)
- 📖 Standardfälle Polizei- und Ordnungsrecht (9,90 €)
- 📖 Standardfälle Baurecht (9,90 €)
- 📖 Standardfälle Europarecht (9,90 €)
- 📖 Standardfälle Kommunalrecht (9,90 €)
- 📖 🔊 Basiswissen (Fr-Antw.) StaatsR I – StaatsorgaR (7 €)
- 📖 🔊 Basiswissen (Fr-Antw.) StaatsR II – Grundrechte (7 €)
- 📖 Basiswissen (Frage-Antwort) Verwaltungsrecht AT (7 €)
- 📖 Studienbuch Staatsorganisationsrecht (9,90 €)
- 📖 Studienbuch Grundrechte (9,90 €)
- 📖 Studienbuch Verwaltungsrecht AT (12 €)
- 📖 Studienbuch Europarecht (12,90 €) 🔊 Basiswissen EuR
- 📖 Staatshaftungsrecht (9,90 €)
- 📖 VerwaltungsR AT 1 – VwVfG u. 📖 AT 2–VwGO (7,90 €)
- 📖 VerwaltungsR BT 1 – POR (9,90 €)
- 📖 VerwaltungsR BT 2 – BauR 📖 BT 3 – UmweltR (9,90 €)
- 📖 🔊 Definitionen Öffentliches Recht (9,90 €)

Steuerrecht

- 📖 Abgabenordnung (AO) (9,90 €)
- 📖 Erbschaftsteuerrecht (9,90 €)
- 📖 Steuerstrafrecht/Verfahren/Steuerhaftung (7,90 €)

Sozialrecht

- 📖 Kinder- und Jugendhilferecht (7,90 €)
- 📖 Einführung in das Sozialrecht (9,90 €)

Nebengebiete

- 📖 Standardfälle ZPO (9,90 €)
- 📖 🔊 Standardfälle Handels- & GesellschaftsR (9,90 €)
- 📖 🔊 Standardfälle Arbeitsrecht (9,90 €)
- 📖 🔊 Basiswissen (Fr.-Aw.) Handelsrecht (7,90 €)
- 📖 🔊 Basiswissen (Fr.-Aw.) Gesellschaftsrecht (7,90 €)
- 📖 🔊 Basiswissen (Frage-Antwort) ZPO (7,90 €)
- 📖 🔊 Basiswissen (Frage-Antwort) StPO (7,90 €)
- 📖 Handelsrecht (9,90 €)
- 📖 Gesellschaftsrecht (9,90 €)
- 📖 Arbeitsrecht (9,90 €)
- 📖 Kollektives Arbeitsrecht (9,90 €)
- 📖 ZPO I – Erkenntnisverfahren (9,90 €)
- 📖 ZPO II – Zwangsvollstreckung (9,90 €)
- 📖 Strafprozessordnung – StPO (9,90 €)
- 📖 Einführung Internationales Privatrecht - IPR (9,90 €)
- 📖 Standardfälle IPR (9,90 €)
- 📖 Insolvenzrecht (12,90 €)
- 📖 Gewerblicher Rechtsschutz/Urheberrecht (9,90 €)
- 📖 Wettbewerbsrecht (9,90 €)
- 📖 Ratgeber 500 Spezial-Tipps für Juristen (12 €)
- 📖 Sportrecht (9,90 €)

Assessorexamen

- 📖 Der Aktenvortrag im Strafrecht (7,90 €)
- 📖 Der Aktenvortrag im Zivilrecht (7,90 €)
- 📖 Der Aktenvortrag im Öffentlichen Recht (7,90 €)
- 📖 Staatsanwaltl. Sitzungsdienst & Plädoyer (9,90 €)

Karteikarten (je 9,90 €)

- 📑 Grundlagen des Zivilrechts
- 📑 BGB Allgemeiner Teil (AT)
- 📑 Schuldrecht BT (§§ 433, 535, 631, 812, 823)
- 📑 Schemata Zivilrecht (AT, SchuldR, SachR, FamR)
- 📑 Strafrecht Allgemeiner Teil (AT)
- 📑 Strafrecht BT 1 und 📑 Strafrecht BT 2
- 📑 Streitfragen Strafrecht
- 📑 Staatsorganisationsrecht
- 📑 Grundrechte
- 📑 Verwaltungsrecht Allgemeiner Teil (AT)
- 📑 Schemata Öffentliches Recht

BWL

- 📖 Einführung i. die Betriebswirtschaftslehre (7,90 €)
- 📖 Organisationsgestaltung & -entwickl. (9,90 €)
- 📖 Fallstudien Organisationsgestaltung & -entwickl.
- 📖 Internationales Management (7 €)
- 📖 Wie gelingt meine wiss. Abschlussarbeit? (7 €)
- 📖 Medienwirtschaft für Mediengestalter (14,90 €)

Irrtümer und Änderungen vorbehalten!

Schemata

- 📖 Die wichtigsten Schemata-ZivR,StrafR,ÖR (14,90)
- 📖 Die wichtigsten Schemata–Nebengebiete (9,90 €)

🔊 bedeutet: auch als **Hörbuch** (CD oder MP3-Download) lieferbar!

Bei **niederle-media.de** bestellte Artikel treffen idR *nach 1-2 Werktagen* ein!